한국학 총서
한국의 교육과
사회이동

한국에서
교육불평등은
심화되었는가?

2

부모의 사회경제적 지위와 자녀의 교육 결과

변수용·이성균

박영story

이 저서는 2015년 대한민국교육부와
한국학중앙연구원(한국학진흥사업단)의
한국학총서사업의 지원을 받아 수행된 연구임
(AKS－2015－KSS－1230004).

한국의 교육과 사회이동

최근 들어서 한국사회에서의 사회이동에 대한 논란이 확산되고 있다. 많은 사람들은 개인의 노력과 능력에 따라서 직업을 선택할 수 있고 부모 세대와 다른 직업과 지위를 획득할 수 있다고 믿어 왔다. “개천에서 용이 난다”는 말에서 알 수 있듯이, 가난한 집안의 자녀들도 열심히 노력하면 부모세대보다 더 좋은 직업과 높은 사회적 지위를 얻을 수 있다는 믿음이 한국 사회의 오래된 가치관이었다. 그러나 이러한 가치관에 대하여 비판적인 인식도 많다. 자녀의 직업과 지위는 개인적 노력보다는 부모의 학력이나 직업, 재산 등 다양한 가정배경 요인에 더 많은 영향을 받기 때문에, 사회이동 가능성은 더욱 줄어들며 불평등구조는 더욱 고착화된다고 믿는 사람들이 늘어나고 있다. “사회이동의 계층사다리가 사라졌다” 혹은 “사회적 지위향상의 엘리베이터가 고장났다”는 주장은 이러한 의견을 반영한다.

또한 사회이동에 대한 논란이 제기될 때 자주 등장하는 문제는 교육의 사회이동 효과이다. 소수의 집단만이 교육을 받는 전통사회와 달리, 현대 한국사회는 최소한 초·중등학교에서 교육받을 기회를 전 국민에게 동등하게 제공해 왔으며 대학교에 진학할 수 있는 기회도 누구에게

나 열려 있다. 많은 사람들은 이러한 교육기회를 활용하여 좋은 일자리를 선택하고 더 높은 사회적 지위를 얻고자 노력하기 때문에, 교육은 현대적 사회계층 이동의 주요 수단으로 인식되어 왔다. 한국사회에서 교육열이 높고 명문대학 진학 욕구가 강한 것은 이러한 사회이동의 순기능적 효과 때문이다. 그러나 다른 한편으로 교육불평등이 심화되면서 교육을 통한 사회이동 가능성이 줄어든다는 주장이 확산되고 있다. 가정배경이나 거주지역에 따라서 더 좋은 교육을 받을 기회가 달라지며, 부모의 학력이나 직업, 재산 정도 등이 자녀의 명문 학교 진학률, 안정적이고 전문적인 직업 선택에 많은 영향을 미친다. 특히 고학력층 청년세대의 실업률이 증가하고 비정규직 고용이 확대됨에 따라서 고등교육이 사회적 지위형성에 미치는 긍정적 효과 혹은 교육을 통한 세대 간 사회이동 가능성에 대한 회의적 시각이 확대되고 있다.

교육과 사회이동은 교육기회 확대와 사회구조 변화를 경험한 많은 국가에서도 주요 관심사항이다. 학자들은 부모·자녀 세대 간 직업지위의 연관성 혹은 교육기회 확대에 따른 사회이동 결과 등을 분석하고 국가·시기별 사회이동의 개방성 혹은 폐쇄성에 대해서 다양한 결론을 제시하였다. 또한 전 세계적으로 사회적 불평등이 심화되면서 이 주제에 대한 관심은 더욱 높아졌으나, 이들의 연구에서도 단일한 결론이 제시되는 것은 아니다.

교육과 사회이동에 대한 학계의 논의를 고려할 때, 한국사회의 사례를 연구하는 작업은 매우 중요한 의미를 갖는다. 주지하다시피 한국의 교육팽창 경험은 다른 나라와 비교해도 예외적인 사례이다. 근대적 교육제도를 도입한 미국이나 유럽의 국가뿐만 아니라 동아시아 신흥공업국도 대부분 교육기회를 확대해 왔으나, 한국은 이러한 국가보다 더 빠른 속도의 교육팽창을 경험한 바 있으며 현재 전 세계에서 고등교육 이수자가 가장 많고 여성의 고학력화 경향이 매우 높은 나라 가운데 하나로 알려져 있다. 또한 이러한 교육팽창은 '고도성장' 혹은 '압축성장'으로 지칭되는 역동적인 사회변동에서 나타난 현상이다. 해방 후 산업화가 낮은 수준에 머물렀던 시기, 중화학공업을 중심으로 하는 고도성장기, 'IMF위기'로 상징되는 경제위기 시기, 세계화와 정보화의 흐름이 본격화된 시기에 이르기까지, 한국은 시기별로 다른 특징을 나타내는 사회경제적 변화를 경험하였으며 교육팽창도 이러한 거시적 변화의 흐름에서 나타났다. 각 시대별로 인구구조, 직업구조, 교육제도, 노동시장 작동방식 등이 복합적으로 변화하면서, 부모세대와 자녀세대의 교육성취 정도가 변화하였고 사회이동의 형태와 가능성도 시기별로 상이하게 나타났다. 따라서 한국의 경험을 구체적으로 설명한다면 사회이동 문제를 종합적으로 이해하고 이 주제에 대한 이론을 정립하는 데 많은 도움이 될 것이다.

한국사회의 전반적인 사회이동 가능성과 교육의 사회이동 효과 등에 대해서는 많은 의문이 제기된다. 한국의 사회이동이 역사적으로 어떻게 변화하였으며, 최근 들어서 사회이동 가능성이 축소되었는가? 교육기회가 팽창되는 상황에서, 고등교육 제도의 확대는 교육불평등을 완화시켰는가 아니면 강화시켰는가? 부모의 사회경제적 배경이 고등교육에 미치는 영향력은 어느 정도인가? 교육이 직업이나 임금 등 노동시장 성과에 미치는 영향은 고학력화 되는 한국사회에서 어떻게 달라져 왔는가? 교육기회 확대는 남성과 여성에서 어떻게 상이하게 나타나는가? 여성의 고학력화는 여성의 노동시장 지위와 사회진출, 결혼 등에 어떤 영향을 미치는가?

이 연구총서는 국내외에서 활동하는 사회학자와 교육학자 5인이 교육과 사회이동을 주제로 3년간 공동 연구한 결과이다. 연구진들은 한국과 미국에서 사회이동, 교육불평등, 사회계급, 노동시장 등을 오랫동안 연구하고, 다양한 학술모임에서 교류하면서 최근 한국사회의 경험에 대하여 논의해 왔다. '한국의 교육과 사회이동'에 관한 체계적인 연구가 필요하다는 공감대를 형성하고 한국학중앙연구원으로부터 3년간

(2015년 12월부터 2018년 11월까지) 연구비를 지원 받아 세부 주제별 실증분석을 실시하였다.

본 연구팀은 '부모 계급, 자녀 학력, 자녀계급'의 삼각형 연구모형을 활용하여 한국 사회이동의 세 가지 경로를 분석하였다. 이른바 OED로 지칭되는 이 연구모형은 학계 전문가들이 세대 간 사회이동을 연구하는데 일반적으로 활용하는 분석틀로서, 부모계급(Origin)과 자녀계급(Destination)의 연관성, 부모계급(Origin)이 자녀교육(Education)에 미치는 효과, 자녀 교육(Education)이 자녀계급(Destination)에 미치는 효과를 구체적으로 설명하는 데 유용하다. 또한 연구팀은 교육과 사회이동이 성별로 상이하다고 가정하고, 여성의 고학력화 경향과 사회이동을 별도로 분석하였다.

《한국학총서》 4권은 이러한 삼각형 모형에 따른 연구결과이다. 1권은 "세대 간 사회이동 변화", 2권은 "부모의 사회경제적 지위와 자녀의 교육 결과", 3권은 "교육 프리미엄", 4권은 "교육, 젠더와 사회이동"을 주제로 한다. 독자들이 4권 주제의 연관성을 고려하여 읽는다면, 한국의 교육과 사회이동에 대한 전체적인 논지를 파악하는 데 도움이 될 것이다. 각 권의 내용을 간략히 소개하면 다음과 같다.

1권("세대 간 사회이동 변화")은 부모의 계급이 자녀의 계급 성취에 미치는 영향을 시기별로 분석하고, '한국 사회가 사회이동의 관점에서 얼마나 개방적으로 변화하였는가?'를 설명하였다. 사회이동과 관련하여 절대적 이동(absolute mobility)과 상대적(relative mobility) 이동을 개념적으로 구분하고, 사회조사자료를 기초로 한국사회의 세대 간 사회이동 추이를 실증적으로 분석하였으며, 국내외 세대 간 사회이동 현실을 비교하였다.

2권("부모의 사회경제적 지위와 자녀의 교육 결과")은 지난 반세기 한국 사회에서 부모의 사회 경제적 지위가 자녀의 교육 결과에 미치는 영향이 어떻게 변화되어 왔는지 실증적으로 분석하였다. 계층 이동에 있어 교육의 역할에 대한 사회학적 이론을 검토하고, 한국 사회의 교육기회 확대 과정과 교육제도 변화를 고찰하였다. 교육과 사회계층이동 조사, 인구총조사, 국제학생학업성취도평가 등 다양한 자료를 활용하여 양적 측면과 질적 측면에서의 교육 불평등 변화 양상을 분석하였다.

3권("교육 프리미엄")은 개인의 교육성취가 임금과 직업 등 노동시장 성과에 미치는 영향을 규명하였다. 교육과 노동시장에 대한 국내외 이론을 검토하고 한국사회의 교육과 임금·직업 등 노동시장 성취에 대한 실증적 연구를 수행하였다. 다양한 사회조사 원자료를 활용하여, 한국사회에서 학력과 노동시장의 연관성, 특히 고학력층의 노동시장 성과를 분석하고 연령집단 혹은 성별로 비교하였다.

4권("교육, 젠더와 사회이동")은 한국사회에서 교육과 계층화 과정의 성별 차이를 설명하였다. 교육제도 변화가 교육성취, 임금 및 사회이동에 미친 효과를 성별로 구분하여 연구할 필요성을 설명하고, 가부장제 사회에서 성별에 따른 교육과 사회이동의 연관성을 이론적으로 정리하였다. 특히 여성의 경우, 교육을 통한 사회이동은 직업을 통한 사회이동과 결혼(남편)을 매개로 한 사회경제적 지위획득 두 가지로 나타난다는 점을 설명하였다.

현재의 연구결과를 사회이동의 삼각형 모형으로 종합 정리하면, 한국의 사회이동이 시기·연령별로 크게 다른 경향을 보인다고 주장하기 어렵다. 사회이동의 첫 번째 경로인 부모세대(Origin)와 자녀세대(Destination)의 계급 연관성은 악화되었나. 절대적 이동은 산업 및 직업구조 변화의 지체로 인하여 더 이상 크게 늘지 않지만(상승이동은 줄어들고 하강이동은 늘어남), 상대적 이동은 오히려 더 활발해졌다. 다시 말해 한국 사회의 개방성이 더 늘어난 것이다. 또한 '학력'을 기준으로 할 때, 가정배경(Origin)이 자녀의 교육(Education)에 미치는 효과가 예전보다 더욱 강화되었거나 이러한 학력의 노동시장 효과가 변화되었다고 단정하기도 어렵다. 대학이라는 고학력이 임금수준과 직업획득에 미치는 효과도 일시적인 변화가 있음에도 불구하고 전반적으로 지속되고 있다. 그리고 대학졸업자 등 고학력층의 노동시장 성과도 크게 변화하였다는 실증적 증거를 찾기 어렵다.

그러나 이러한 사회이동 경향이 앞으로도 지속될 것이라고 단정하기 어렵다. 거시적인 관점에서 볼 때, 한국의 사회이동이 일정한 패턴을 유지해왔던 것은 교육과 노동시장이 긴밀하게 연계되었기 때문이다. 교육제도 변화에 따라서 대학졸업자 등 고학력층은 양적으로 빠르게 늘어났으며, 동시에 전문·관리·사무직 등이 확대되면서 노동시장에서의 상층이동 기회도 증가하였다. 교육팽창과 노동시장 확대가 비교적 긴밀하게 연계되면서, 학교졸업자들의 노동시장 이전(transition from school to work)은 안정적으로 지속되었다. 그러나 1997년의 경제위기 이후 교육과 노동시장의 연계성은 약화되고 있다. 고학력화 경향은 더욱 강화되지만, 노동시장은 안정적 일자리와 불안정한 일자리로 분화되고 있다. 고학력층은 학교졸업 후 선배세대와 마찬가지로 고학력에 맞는 일자리를 찾고 있으나, 노동시장은 과거와 같이 충분한 기회를 제공하지 못한다.

이러한 변화는 이 연구에서도 부분적으로 나타난다. 한국사회에서 상대적 사회이동은 증가하였으나, 최근에는 경제여건 변화에 따라서 사회계층구조의 상층부에 해당하는 일자리가 줄어들어 절대적 사회이동이 감소하는 경향을 보인다. 최근 들어서 많은 사람들이 사회이동이 줄어들고 더 나아가 불평등이 심화되었다고 인식하는 것은 이러한 절대적 사회이동감소 현상을 반영한 것이다.

또한 교육성과를 학력이 아니라 '학업성취' 개념으로 해석하면, 가정배경의 효과는 최근에 좀 더 명확히 나타났다. 노동시장에서의 고학력층 일자리구조가 분절화되면서 단순히 대학졸업생이라는 '학력'이 아니라 명문대학 입학 혹은 전문직 진출이 용이한 전공 졸업자가 더욱 중요해지고, 이를 위해서는 초·중고등학교 단계의 '학업성취'를 위한 경쟁이 더욱 치열해졌다. 따라서 가정배경 요인이 자녀의 학력보다는 사교육 및 학업성취도에 미치는 영향이 최근 들어서 명확히 나타나고 있으며, 이러한 점이 한국사회의 교육불평등 현실로서 자주 언급되고 있다.

그러나 불행하게도 최근 교육불평등의 사회이동 효과에 대해서는 실증적인 분석이 쉽지 않다. 가정배경의 학업성취도 효과가 명확한 집단은 수월성교육을 강조하던 1990년대 중반기 이후에 태어나거나 중·고등학교를 다닌 젊은 연령층이다. 이 연령층 가운데 많은 사람들은 아직 노동시장에 본격적으로 진입하지 않았다. 일부는 아직 대학을 졸업할 만한 연령이 아니며, 20대 중반의 연령층도 졸업을 미루고 스펙 쌓기에 집중하거나 공무원시험을 준비하고 있다. 따라서 가정배경별로 학업성취도가 달라지는 20대 연령층이 노동시장에서 차지하는 계급지위(Destination)를 실증적으로 확인하는 작업은 현재로서는 불가능하다. 이러한 연구는 앞으로 학업성취도 혹은 대학 등 고등교육기관의 종류 등을 정확히 파악할 수 있는 장기 시계열적 자료를 확보할 때 본격적으로 시작할 수 있다.

이 과제의 일부 연구성과는 국내외 학술대회자료집과 학술지에 게재된 바 있다. 4권의 연구주제를 3년간 연구하면서 연도별로 세부 주제를 분석하였고, 일부 연구 결과를 『한국사회학』 혹은 『교육학연구』에 논문으로 게재하였다. 또한 국제사회학회(International Sociological Association)의 학술대회 혹은 사회불평등 국제심포지엄에서 연구결과를 발표하면서, 한국의 경험을 국내외 전문가들과 토론한 바 있다. 이 연구총서는 이러한 연구과정 및 성과 등을 토대로 작성된 결과물이다. 이러한 연구를 재정적으로 지원해 준 한국학중앙연구원, 그리고 3년의 연구기간에 훌륭한 연구조교 활동을 수행했던 공주박사와 연구결과에 대하여 귀중한 소언을 해 주었던 모든 분들에게 감사드린다.

이 연구총서가 교육과 사회이동에 대한 학문적 연구와 사회적 인식 형성에 활용되기를 희망한다. 교육문제에 대한 관심이 높은 한국사회에서, 국내외 학자들이 이 연구결과를 비판적으로 검토하고 학문적으로 발전시키는 계기가 되기를 기대한다. 또한 한국의 교육과 사회이동 경험을 객관적으로 이해하고 교육과 노동시장에서의 불평등 문제에 대한 생산적인 담론을 형성하는 데 도움이 되기를 바란다.

2020년 11월 25일
저자 일동

서 문

해방 후 한국사회는 모든 단계에서 급속한 교육팽창을 경험하였다. 대학 교육을 예로 들면, 1970년에 우리나라 15세 이상 전체 인구 가운데 대학교육을 받은 인구는 3%에 불과하였다. 그로부터 반세기가 지난 2020년, 그 비율은 30%에 이르고 있다. 2050년에는 15세 이상 인구의 절반이 대학교육을 받게 될 것이며, 한국은 전 세계에서 대학교육을 받은 인구의 비율이 가장 높은 사회가 될 것으로 예측된다.[1)] 이처럼 교육 기회가 급속히 팽창되면서 젊은 세대는 부모 세대가 경험하지 못한 단계의 교육을 경험할 수 있게 되었다. 다시 말해, 부모 세대에서는 극소수만이 대학교육을 받은 반면, 자녀 세대에서는 대다수가 대학 교육을 경험하고 있다. 그러나 오늘날 한국사회에는 그 어느 때보다 교육 불평등에 대한 우려의 목소리가 높다. 그 이유는 무엇일까?

이 책은 이러한 물음에 답하고자 부모의 사회경제적 지위가 자녀의 교육 결과에 미치는 영향이 지난 반세기 동안 어떻게 변하여 왔는지 체계적으로 분석한다. 이 책의 1장에서는 한국사회의 계층 이동에 있어 교육의 역할에 대한 두 가지 상반된 시각—계층 이동의 사다리인가? 계층 재생산의 기제인가?—을 소개한다. 또한 1장에서는 교육 기회의 팽창과 교육 불평등과의 연관성을 설명한 “최대한으로 유지되는 불평등(Maximally Maintained Inequality, MMI)”과 “효과적으로 유지되는 불평등(Effectively Maintained Inequality, EMI)" 가설을 소개한다. 이 두 시각과 가설은 한국사회의 교육 불평등에 관한 논쟁과 현상을 이해하는데 유용하다. 2장에서는 1950－2010년 사이 교육팽창에 영향을 미친 교육관련 제도 변화를 소개하고, 각 시기별 사회경제적 변화와 교육팽창의 연관성을 설명한다. 또한 한국적 교육기회 확대의 특징을 개괄적으로 파악하고, 교육기회 확대 요인을 제도적 차원과 개인적 차원, 공교육차원과 사교육차원으로 구분하여 살펴본다.

3장부터 6장까지는 부모의 사회경제적 지위와 자녀의 교육 결과에 대한 경험적 분석이다. 3장에서는 양적 측면에서의 교육 불평등 변화 추이를 살펴보기 위해 교육과 사회계층이동 조사와 인구총조사 자료를 이용하여 1950－1982년 사이의 출생 코호트를 대상으로 아버지 학력과 자녀 학력 간의 연관성을 분석한다. 4장에서는 질적 측면에서의 교육 불평등 변화 추이를 살펴보기 위해 2000－2018 국제학생학업성취도평가(Programme for International Student Assessment, PISA) 자료를 사용하여 부모의 사회경제적 지위가 만 15세 자녀의 학업성취에 미치는 영향이 어떻게 변하였는지 분석한다. 5장에서는 2004－2014 학교 교육 실태 및 수준 분석 연구 자료를 사용하여 교육 불평등의 기제로써 가족 내 사회자본과 문화자본, 그리고 사교육이 초, 중, 고 학생의 학업성취에 미치는 영향력이 지난 10여 년간 어떻게 변화했는지를 분석한다. 6장에서는 2000－2018 PISA 자료를 사용하여 미국, 홍콩, 일본에서 부모의 사회경제적 지위가 자녀의 학업성취에 미치는 영향이 어떻게 변화하였는지 분석한다. 마지막 장인 7장에서는 주요 결과를 정리하고 미래 한국사회의 교육 불평등에 대하여 논의한다.

이 책의 주요 결과는 다음과 같다. 학력의 절대적 가치를 고려하든 상대적 가치를 고려하든 한국사회에서 양적 측면에서의 교육 불평등은 과거와 현재에도 존재하지만, 최근으로 올수록 그것이 더욱 심화되었다는 증거는 발견되지 않았다. 이러한 결과는 1권과 3권의 결론과 궤를 같이 한다. 그러나 부모의 사회경제적 지위가 자녀의 학업성취에 미치는 영향은 2000년에 비해 2018년에 더 큰 것으로 나타나, 한국사회에서 질적 측면의 교육 불평등은 최근으로 올수록 증가한 것으로 보인다. 단, PISA 자료 분석 결과와 교차 검증할 수 있는 자료가 없기 때문에 이러한 결론은 확정적이기보다 유보적이다.

이러한 제한점에도 불구하고 이 책은 한국사회의 교육 불평등이 최근 들어 양적인 측면과 질적인 측면에서 다른 양상을 나타나고 있음을 실증적으로 보여준다. 다시 말해, 오늘날 한국사회에서 보여지는 교육 불평등은 EMI 가설의 주장처럼 상급학교 진학 여부보다 동일한 학교급 내에서의 차별적 교육 기회 향유라는 양상으로 나타난다. 예를 들어, 1950년대나 60년대와 달리 오늘날에는 거의 모든 중학교 졸업생들이 고등학교에 진학하고 있다. 그러나 그들의 학교 경험과 대학 진학 결과는 어떤 고등학교에 다니느냐에 따라 달라진다. 특히 획일화되고 표준화된 교육과정에서 탈피하여 학생들의 다양한 학습 요구를 충족시켜야 한다는 명목으로 고등학교 유형은 특목고, 자사고, 일반고, 특성화고 등으로 계층화되고, 학생들은 계층화된 고등학교 유형에 따라 차별적인 교육과정을 경험하게 된다. 또한 학교 밖에서는 부모의 경제력에 따라 차별적인 사교육을 경험하게 된다. 이러한 학교 안팎의 교육 기회의 차이는 대학 진학 결과에 차이를 가져오게 된다. 대학 진학 단계에서도 마찬가지어서 과거와 달리 오늘날에는 거의 대부분의 고등학교 졸업생들이 대학에 진학하지만, 그들의 학교 경험과 졸업 후 노동시장의 결과, 나아가 사회에서의 평판은 그들이 어떤 대학을 다녔느냐에 따라 달라진다. 이처럼 한국사회에서 교육 불평등은 과거 상급 학교 진학 단계에서 나타나던 양적 차원의 불평등이 근자에 이르러 같은 학교급 내의 질적 차원의 불평등으로 대체되고 있다. 오늘날 한국사회에 그 어느 때보다 교육 불평등에 대한 우려의 목소리가 높은 것은 이러한 질적 차원의 교육 불평등과 밀접한 관련이 있다.

이 책은 소득 양극화 심화나 이혼율 증가와 같은 경제적 인구학적 변화 더불어 학교 선택권 확대, 교육과정의 차별화 등 교육의 수월성에 초점을 둔 교육 정책 기조가 최근 증가 추이에 있는 질적 차원에서의 교육 불평등의 원인으로 보고 있다. 따라서 이러한 교육 정책 기조가 지속된다면 미래 한국사회에서 질적 차원에서의 교육 불평등이 점차 낮은 학교급으로, 나아가 취학 전부터 심화될 것이라 예측한다. 실지로 최근 한국 학부모들 사이에서 영어유치원–사립초–국제중–특목고–명문대가 엘리트 코스로 인식되고 있다.[2] 교육 불평등 심화는 수저계급론과 같은 젊은이들의 자조적 현실 인식과 불만을 키울 것이고, 이로 인해 사회는 더욱 불안해질 것이다. 그러나 반대로, 공통 교육과정의 강화, 공립학교 교사 순환제 등과 같은 학교 간 교육 격차를 줄이기 위한 정책적 노력이 지속된다면 미래 한국사회에서 교육 불평등의 양상은 달라질 수 있을 것이다. 이와 관련하여 비록 한국사회에서 고등학교나 대학 단계에서 질적 차원의 교육 불평등이 최근 심화되고는 있지만, 다른 나라와 비교하였을 때 적어도 의무교육 단계에서 교육 불평등 정도는 상대적으로 낮다[3]는 사실을 우리는 간과해서는 안 된다.

표준화되고 획일화된 지금의 한국 교육으로는 창의적 인재를 키울 수 없으며, 때문에 4차 산업시대를 준비할 수 없다고 모두들 아우성이다. 그러나 우리나라 학생들의 창의력이나 문제해결력이 다른 나라 학생들에 비해 뒤처진다는 주장을 실증적으로 뒷받침할 증거는 존재하지 않는다. 오히려 문제해결력을 가장 잘 측정하였다고 평가받는 PISA에서 한국 학생들의 평균 학업성취도는 다른 나라 학생들에 비해 높다. 이러한 이유로 한국 교육은 오히려 수월성과 형평성이라는 두 마리 토끼를 동시에 잡은 나라로 세계적 주목을 받고 있다.[4] 그러나 정작 우리는 한국 교육의 어떤 특성들 때문에 수월성과 형평성 측면에서 성과를 거두고 있는지 잘 알지 못한다. 대신, 과도한 입시 경쟁과 사교육

문제 때문에 무조건적으로 한국 교육이 잘못 되었다 비판한다.

사실 과도한 대학입시 경쟁이나 사교육 문제는 한국 교육 자체에 있기보다 급속한 교육팽창의 결과로 봐야 한다. 다시 말해, 거의 대부분이 대학 교육을 받지 못했던 우리 부모 세대와 달리, 오늘날 우리는 거의 대부분이 대학 교육을 받고 있다. 따라서 우리 모두는 대학 교육을 받는 것을 너무 당연시 여기게 되었고, 과거 소수만이 경쟁하던 대학 교육에 이제는 전 국민이 경쟁하게 되었다. 학령인구 감소로 대학진학 학생 수가 정원보다 적어졌지만 대학입시 경쟁과 사교육이 누그러지지 않는 것이 바로 이런 이유 때문이다. 이렇게 본다면, 한국사회에서 대학입시 경쟁이나 사교육 문제를 당장 해결할 수 있는 출구전략이 없어 보인다. 그러나 대학입시 경쟁이나 사교육 문제는 한국사회뿐만 아니라, 교육팽창을 경험한 미국과 같은 다른 사회에서도 점차 사회적 문제가 되고 있다.[5] 현재 한국사회가 겪는 사교육과 같은 많은 교육 문제들은 어쩌면 다른 나라들이 가까운 미래에 겪게 될 문제일런지 모른다. 이러한 맥락에서 K-pop과 더불어 코로나19의 전 세계 확산으로 K-방역에 대한 국제 사회의 관심이 커지고 있는 이때, K-교육에 대한 새로운 평가가 필요하다. 이 책이 한국 교육의 장·단점을 보다 객관적이며 실증적으로 이해하고, 미래 한국사회의 교육 불평등 문제를 완화하기 위한 생산적인 담론 형성에 조금이나마 도움이 되길 희망한다.

이 책의 집필은 1장과 2장은 이성균 교수가, 나머지 장은 변수용 교수가 맡았다. 집필 과정에서 많은 분들의 도움을 받았다. 먼저 "교육과 사회이동" 프로젝트 공동 연구진이신 김창환, 박현준, 신광영(가나다순) 교수님과 연구 보조원으로 참여한 공주 박사께 감사드린다. 이 책의 일부는 2016년 서울국제교육포럼 등과 같은 국내외 여러 학술대회에서 발표되었는데, 이 과정에서 유익한 논평을 해 주신 국민대 계봉오, 연세대 최성수/김영미, 중앙대 최율, 방송통신대 정민승 교수님께 감사드린다. 마지막으로, 원고를 최종적으로 검토해준 펜실베니아 주립대학교 이정은 박사와 김지혜 선생, 그리고 박영스토리에 배근하 과장님에게 고마움을 전한다.

포스트 코로나 시대 K-교육을 생각하며,
변수용, 이성균

목 차

CHAPTER

01

서 론

CHAPTER 01

서 론

1. 한국사회 교육성취에 대한 두 가지 시각
2. 교육성취 격차에 대한 상반된 주장
3. 본서의 내용 및 자료 소개

CHAPTER 01

서 론[1)]

1. 한국사회 교육성취에 대한 두 가지 시각

교육은 현대 사회의 사회경제적 지위형성에 있어 매우 중요한 역할을 한다. 일부 계층만이 교육을 받는 전근대적 사회에서는 가족배경이나 신분·계급에 따라서 개인의 사회적 지위가 결정되는 경향이 있었으나, 현대의 민주적 개방사회는 많은 국민들에게 최소한의 공평한 교육기회를 제공함으로써 개인적 노력에 따라서 지위를 결정하는 사회질서가 정착되었다. 대부분의 국민들은 신분과 같은 귀속적 요인보다는 교육성취를 통하여 자신의 직업을 얻고 사회경제적 지위를 획득하기 때문에, 전 국민에게 교육기회를 평등하게 제공하고 자질과 능력을 향상시키도록 지원하는 일은 국가적으로 매우 중요한 정책적 과제이며 사회적으로도 많은 국민들의 관심사항이다.

현재 한국사회의 교육성취를 바라보는 시각은 두 가지이다. 첫째, 교육기회의 급속한 팽창에 따라서 교육적 성취가 확대되었다는 시각이다. 해방 후 정부는 많은 국민들에게 교육기회를 제공함으로써, 국민들의 교육적 성취가 과거보다 더 높아졌고 이에 따라서 사회적 계층이동 가능성도 높아졌다. 양반 등 일부 신분 집단만이 교육을 받을 수 있었던 전통사회와 달리, 현대 한국인들은 국가의 의무교육제도에 따라서 초·중등단계의 교육받을 기회를 보장받았으며 최근에는 대부분의 고등학교 졸업생들이 대학에 입학하고 있다. 또한 산업화에 따른 고학력층 노동력 수요 증가, 전통적으로 존재했던 높은 교육열 등 많은 요인들이 복합적으로 작동한 결과, 한국의 초등교육 취학률은 1960년대 초반에 이미 100%에 이르렀으며,[2] 중고등학교 취학률은 2000년에는 거의 100%에 도달하였고 고등학교 졸업자들의 대학진학률도 1995년 '대학설립준칙주의' 이후 55%를 넘기 시작하였다.[3] 더구나 2000년대 이후 저출산 경향이 강화됨에 따라서 중고등학생이 감소하였고, 앞으로는 대학입학 자원이 대학입학 정원보다 더 적을 정도로 고등교육이 보편화 될 것으로 예상된다.

한국의 교육팽창 경험은 다른 나라와 비교해도 예외적인 사례이다. 20세기 후반 경제성장에 성공한 다른 동아시아 신흥공업국에서도 교육의 확대와 발전이 나타나지만, 해방 후 한국은 가장 급격한 교육기회 확대를 경험한 바 있다. 2010년도 OECD 국가들의 교육수준 분포를 연령별로 비교하면, 한국의 55－64세 연령층의 고등교육 이수 비율은 OECD 국가들 가운데 비교적 낮은 나라 중 하나이지만, 25－34세 연령층의 고등교육 이수 비율은 가장 높다.[4] 55－64세 연령층이 교육팽창 초기에 학교에 다녔던 세대이며 25－34세 연령층은 초·중등교육뿐만 아니라 고등교육 기회도 확대되었던 시기에 학창생활을 보냈던 세대이므로, 한국의 청년(자녀) 세대는 중장년(부모) 세대보다 더 많은 교육기회를 보장받고 개인적으로도 더 많은 교육성취를 경험할 가능성이 높은 것이 사실이다.

이러한 의미에서 한국사회는 최소한 초·중등학교에서 교육받을 기회를 형식적으로 동등하게 제공하고 있으며 학생들이 상급학교에 진학할 수 있는 기회도 누구에게나 주어진 것으로 보인다. 또한 사회경제적 지위형성의 시각에서 보면, 현대 한국사회에서 교육은 출신배경에 상관없는 기회 평등의 출발점이며, 동시에 본인의 노력과 능력에 따라서 보상받는 사회계층 이동의 수단이다.

한국 교육을 바라보는 또 다른 시각은 교육불평등이 확대된다는 주장이다. 많은 전문가들 사이에서는 "한국사회의 교육기회 팽창과정에도 불구하고 교육기회가 실제로 동등하게 제공된다고 단정할 수 없다"는 비판적 주장이 제기되어 왔다.[5] 대부분의 중학교 졸업생들이 고등학교에 진학함에도 불구하고, 고등학교 유형이 일반고·특목고·자사고 등으로 다양화되었으며 교육프로그램도 개별 학교 혹은 지역별로 상이하다. 현재 고등학교에서의 비교과분야 활동이 대학입시의 주요 평가기준이 되는 상황에서도 이를 위한 교육과정과 다양한 활동기회가 모든 학교의 학생들에게 동등하게 제공되지 않으며, 중고등학교의 성적과 대학입시결과에 많은 영향을 미치는 사교육 기회도 부모의 경제력 및 정보력 등 가족배경 요인에 따라서 큰 차이를 나타낸다. 많은 학부모와 학생들은 더 많은 혹은 질 높은 사교육을 통하여 주요 교과목의 성적을 향상시키고 심지어 논술이나 자기소개서, 입시정보 등을 파악하는 데 사교육이 영향력을 발휘할 것으로 기대하며, 더 많은 사교육에 의존하는 경향을 보인다.

교육불평등에 대한 논의는 학생 당사자의 사회의식에서도 확인할 수 있다. 동그라미재단이 2016년 초에 한국의 고등학생을 대상으로 한 설문조사('기회불평등에 대한 조사') 결과는 학생들이 자신의 가정배경에 따라서 교육경험이 달라진다고 인식하고 있다는 것이었다.[6] 예를 들어서 학생들의 학교교육에 대한 평가는 가족배경에 따라서 상이하다. 부모의 학력이 대학재학 이상인 고등학생이 고졸이하 학력의 부모를 둔 학생보다, 부모의 직업이 화이트칼라인 고등학생이 블루칼라 혹은 실업자 부모를 둔 학생보다 학교교육에 대하여 긍정적으로 평가한다. 또한 가족배경이 하류층에 속하는 고등학생들의 학교교육에 대한 평가는 전반적으로 상류층 소속 학생들에 비하여 부정적이며, 특히 보충교육기회와 예체능활동기회 등에 대하여 좀 더 부정적으로 평가한다. 거주지역의 학교 혹은 학원에 대한 긍정적인 평가는 중간·하류층보다는 상류층 고등학생들에게서 더 높으며, 특히 공교육보다는 사교육 활동에 대한 평가가 상류층 학생에게 더욱 긍정적이다. 이러한 의식 현황은 전반적인 사회불평등 의식에서도 나타난다. 응답 학생 가운데 60%는 "한국사회는 개인이 열심히 노력하면 성공할 수 있는 사회"라는 주장에 대하여 부정적('별로 그렇지 않다' 혹은 '전혀 그렇지 않다')으로 인식하며, "본인의 사회경제적 상황이 당사자의 노력에 의한 결과이다"라는 주장에 대해서 부정적인 의견은 59.0%였다.

일반적으로 학생들의 전반적인 사회의식이 일상생활의 불평등 경험 등을 반영한다고 할 때, 교육불평등 의식은 가정이라는 일상생활 단위에서 경험하는 불평등 경험을 반영할 것이다. 이러한 의미에서 학생의 교육기회 및 성취에 대한 사회의식도 가정의 경제사회적 배경요인과 일정하게 연관될 것이다. 모든 학생들은 교육기회 팽창에도 불구하고 어느 정도 상이한 교육경험을 할 것이며 가정배경 등에 따라서 교육성취가 달라질 것이라는 점은 대부분의 국가에서 공통적인 현상이다. 특히 한국사회에서는 교육성취가 사회계층화 과정에서 중요한 의미를 갖기 때문에, 대부분의 부모들은 자녀교육에 많은 관심을 갖고 경제·정서적으로 자녀의 학업을 지원하려고 노력한다. 한국의 교육 문제에서 공교육 격차와 사교육 문제가 항상 거론되는 것은 이러한 가정배경의 교육성취 효과를 잘 나타낸다.

그러나 한국사회 교육성취의 격차를 파악하기 위해서는 앞에서 설명한 두 가지 관점을 종합적으로 고려할 필요가 있다. '교육팽창과 교육기회 확대'라는 첫 번째 관점이 역사적 혹은 세대 간 비교의 시각을 반영한다면, '교육기회 및 성취의 불평등'이라는 두 번째 관점은 세대 내 혹은 동일 연령층 내부의 비교 관점에 따른 주장이라고 할 수 있다. 따라서 한국사회의 교육기회 및 성취의 특징을 객관적으로 파악하기 위해서는 '부모세대와 자녀세대의 교육기회 및 성취의 변화'를 역사적으로 파악하고 '부모세대 요인이 자녀세대의 교육성취에 미치는 효과'를 동시에 분석해야 한다. 이와 관련하여 문제를 구체적으로 제기하면 다음과 같다.

먼저 역사적 관점에서 볼 때 해명되어야 할 문제이다. 한국사회에서 급속히 팽창된 교육기회가 교육성취 격차에 미치는 영향은 시기별로 어떻게 다른가? 고등교육기회가 확대되는 상황에서, 부모의 사회경제적 배경이 교육성취에 미치는 영향력은 줄어들었는가? 특히 고등학교 졸업자의 다수가 대학에 진학하는 고학력 사회에서 가정배경요인이 고등교육분야의 성취에 미치는 효과는 과거에 비해 현재 어떻게 달라지는가?

또한 동시대적 관점에서 분석해야 할 문제는 다음과 같다. 최근 한국사회에서 가정배경 요인(부모의 학력, 직업, 경제적 수준 등) 가운데 어떤 것이 구체적으로 어떤 교육성취에 어느 정도 영향을 미치는가? 이러한 가정배경 요인 각각이 자녀의 교육성취도에 미치는 영향은 초·중·등 교육단계별로 상이한가? 특히 한국사회의 계층이동에 영향을 미치는 대학입학에서 각 요인들이 미치는 영향력은 어느 정도인가?

이러한 문제의 해답은 현재 한국사회의 교육 현실을 구체적으로 이해하고, 더 나아가 교육성취를 토대로 하는 사회적 계층이동 가능성을 파악하는 데 도움이 될 것이다. 또한 한국과 같은 급속한 산업화와 교육팽창을 경험한 사례를 다른 나라의 경험과 비교한다면, 한국적 특성을 이론적 시각으로 재정리하는 데 도움이 될 것이다.

2. 교육성취 격차에 대한 상반된 주장

교육기회 팽창과 교육불평등의 문제를 연구할 때, 가장 핵심적인 질문은 "지난 30여 년의 고등교육기회 팽창기에 부모의 사회경제적 배경이 자식의 교육성취에 끼치는 영향력이 과연 얼마나 감소했는가"이다. 단순히 생각하면, 고등교육제도의 급속한 팽창은 자연스럽게 교육 기회의 확대와 부모의 사회경제적 배경의 영향력 감소를 가져왔으리라 생각할 수 있다. 소수의 학생만이 대학을 다닐 수 있었던 시절과 비교해 이제는 많은 사람들이 대학을 다닐 수 있게 된 만큼, 대학 졸업장을 받은 데 있어 더 이상 부모의 사회경제적 배경이 중요하지 않다고 생각할 수 있다.

그러나 교육불평등에 관한 최근 사회학적 연구들은 교육기회 팽창이 반드시 교육 불평등을 약화시키는 것은 아님을 설명한다. 이와 관련하여 이 연구총서의 1권에서 상세히 설명한 바와 같이, '최대한으로 유지되는 불평등', '지속적인 불평등', '지속되지 않는 불평등'과 같은 주장이 제기된다. 라프테리와 하우트[7]는 '최대한으로 유지되는 불평등(maximally maintained inequality)'이라는 가설을 제시하고, 교육기회 팽창은 상층계급 출신의 자녀들에게 더욱 좋은 기회가 되며 하층계급 출신의 자녀들에게 별 이익이 되지 못한다고 주장하였다. 또한 샤빗 등 일부 학자들[8]은 교육팽창에도 불구하고 부모의 사회경제적 배경이 자식의 교육 성취에 미치는 효과는 시계열적으로 달라지지 않았다고 설명하며, 지속적인 불평등("persistent inequality") 개념을 제시하였다. 반면 브린 등의 학자들[9]은 유럽 일부 국가에서 교육기회불평등이 줄어들었다고 설명하면서 '지속되지 않는 불평등(nonpersistent inequality)'을 주장하였다.

이러한 다양한 가설은 다른 나라에서 찾을 수 없을 정도로 급속한 교육기회 팽창을 경험한 한국사회를 설명하는 데 좋은 출발점이 된다.

의무교육제도 혹은 무상교육제도를 통하여 교육기회를 확대하는 경향은 대부분의 산업화 국가에서 공통적으로 나타난 현상이지만, 한국과 같이 급속한 속도의 교육제도 확대와 산업화를 동시에 경험한 국가에서도 서구 학자들이 주장한 다양한 불평등 현상이 적용되는지 좀 더 구체적인 분석이 필요하다.

한편 '최대한으로 유지되는 불평등'이나 '지속적인 불평등' 같은 주장에서 나타난 문제점은 교육기회 팽창을 양적 팽창의 관점에서만 파악한다는 것이다. 교육제도 확대는 교육기관의 분화를 동반하는 경향이 있다. 예를 들어서 고등교육기회가 확대되고 대학의 수가 증가함에 따라, 고등교육분야의 성취를 판단하는데 전문대 졸업 혹은 4년제 대학 졸업, 4년제 대학 가운데 일반대학과 명문대학 졸업 등 질적 차이가 제기된다. 특히 한국에서는 '대학졸업'이라는 교육성취도 중요하지만 이른바 '명문대학'으로 지칭되는 교육성취의 질적 차이가 더욱 중요한 사회경제적 의미를 갖는다. 거버 등 일부 학자들[10]이 "수평적 계층화(horizontal stratification)"라고 부르는 현상이 교육불평등의 초점이 되는 것이다. 그럼에도 불구하고 앞에서 소개한 연구들은 대학의 질적 구분 없이 대학 졸업 여부만을 기준으로 교육성취를 설명하고 '최대한으로 유지되는 불평등' 혹은 '지속적인 불평등' 가설을 제기하기 때문에, 교육성취의 질적 차이를 구체적으로 파악하는 데 한계가 있다.

따라서 가정배경 요인이 자녀의 교육성취에 미치는 영향을 분석할 경우에, 자녀의 교육성취가 갖는 질적 차이를 주목할 필요가 있다. 미국의 사회학자 루카스[11]는 교육기회 불평등이 양적 차원에서 질적 차원으로 변화하는 사실에 주목하며, 상위계층 가족들이 교육의 질에 투자함으로써 교육기회 불평등은 '효과적으로 유지'(effectively maintained) 된다고 주장한다. 이러한 주장은 고등학교 졸업자의 다수가 대학에 진학하는 최근 한국사회 사례연구에서 매우 중요한 의미를 갖는다. 한국사회에서도 부모의 사회경제적 배경이 대학 진학 여부에 영향을 미치는가를 규명하는 것도 중요하지만, 전문대학 진학이나 4년제 대학 진학에 서로 다른 영향을 미치는가, 혹은 4년제 대학 가운데 '명문' 대학과 같은 특정 대학진학에 영향을 미치는가를 구체적으로 설명할 필요가 있다.

사실 사회학과 교육학 등 학계 전문가들은 교육문제를 '사회불평등'의 관점에서 오랫동안 고찰해 왔다. 볼스와 긴티스[12] 등 일부 마르크스주의 교육사회학자들은 "자본주의 사회에서 교육은 사회가 필요로 하는 기술과 자질, 권위에 대한 자존심과 노동시장에서 필요로 하는 규율을 주입하는 기능을 수행하며, 이러한 의미에서 대중교육의 발달은 학생들에게 불평등한 기회를 제공하고 궁극적으로는 사회경제적 불평등을 재생산하는 데 일조한다"고 설명함으로써,[13] 교육이 사회경제적 불평등을 '재생산'하는 요인임을 강조한다. 또한 미국의 학자 콜만 등 학자들[14]이 "미국사회에서 학업성적이 가족배경 격차 등에 의하여 많은 영향을 받는다"는 내용을 골자로 하는 보고서를 제출한 후, 많은 학자들은 가정배경과 학업성취의 연관성을 실증적으로 분석해왔다. 이들의 연구에서 공통적인 결론은 "학생들이 질 높은 교육을 더 많이 받을 수 있는 기회는 부모의 학력, 정보, 관심, 소득수준에 따라 결정되고, 소위 입시명문학교 입학뿐만 아니라 다양한 종류의 교육접근성도 이러한 가족배경 요인에 의하여 결정된다"는 점이었다.[15]

한국의 경우에도 많은 학자들이 부모의 직업이나 교육수준 등 사회경제적 지위가 자녀교육에 미치는 영향은 매우 높으며, 특히 2000년대 들어서 이러한 영향력이 더욱 확대되고 있음을 설명한다. 첫째, 한국사회에서 가정배경 요인은 매우 다양한 방식으로 자녀의 교육성취 등에 영향을 미친다.[16] 한국의 많은 부모들은 자녀의 졸업 후 안정적 직업과 경제적 풍요로움을 희망하며, 이를 실현하는 데 중요한 기반으로서 자녀교육에 대한 관심이 많고 다양한 교육기회를 제공하려고 노력한다. 또한 최근에는 부모의 직업이나 사회경제적 지위뿐만 아니라 사회 · 심리적 지지도, 부모의 교육관과 교육열망, 자녀를 공부시키는 방식 등의 차이가 학업 성적이나 상급학교 진학에 미치는 영향에 대한 연구결과도 발표되었다. 일례로 박영신 · 김의철 · 정갑순(2004)은 부모의 사회 · 정서적 지원은 자녀의 자기조절학습효능감과 성취동기를 증진시키고, 자녀에 대한 기대는 자녀의 학업성적에 정적인 영향이 있다고 설명한다.

둘째, 최근 한국사회의 가정배경에 따른 교육성취 격차 문제는 과거와 다른 특징을 보인다. 학자들은 교육성취 격차가 최근에 더욱 심화된다고 설명하는데, 이러한 경향은 'IMF위기'로 지칭되는 경제위기 이후 노동시장이 양극화되고 소득격차가 지속적으로 확대되는 상황에서 교육기회 선택권이 더욱 확대되는 사회적 변화를 반영한 결과이다. 2000년대 들어서 자율형 사립학교와 외국어 고등학교 등이 확대되고 이러한 학교 출신자들의 상위권 대학입학자가 증가하면서, 입시경쟁과 사교육열풍은 대학 입학뿐만 아니라 중 · 고등학교 입학단계로 확대되었다. 또한 2000년대 이후 저출산 시대에서는, 부모 세대의 학력은 과거보다 더 높아지고 자녀의 수는 줄어들기 때문에 자녀 1인에 대한 관심과 교육투자가 더욱 높아지고 사교육의 학업성취도 효과도 더욱 증가하였다.[17] 2000년대 경기변동이 반복되고 미래 전망이 불확실한 상황에서, 가정배경 요인이 자녀의 교육성취에 미치는 영향은 과거보다 더욱 명확해질 가능성이 높다고 할 수 있다.

최근 한국사회에서 가정배경과 교육의 문제는 사회여론과 학부모들의 관심에서 확인할 수 있다. [그림 1.1]~[그림 1.3]은 1990~2018년 11개 중앙일간지에 게재된 기사를 검색한 결과로써, '대학'과 '입시'라는 단어가 등장하는 기사에 함께 등장한 단어를 시기별로 정리한 것이다.[18] '대학', '입시'라는 단어가 등장하는 기사에서 '학부모'라는 단어는 모든 시기에서 공통적으로 등장하였으며, 이러한 단어들의 연관성은 최근 들어서 더욱 높다. '학부모'라는 단어와 '교육', '입시'라는 단어의 연관성은 1990~1997년에는 10%를 차지하였으며, 1998~2007년에는 19.8%, 2008~2018년에는 59.5%를 기록하였다. 따라서 상급학교 진학을 위한 학부모와 여론의 관심은 교육제도 및 현실에 따라서 변화하였으며, '학부모'로 표현되는 가정배경 요인과 '교육 · 입시'의 연관성도 최근에 더욱 강화되고 있음을 알 수 있다.

또한 1990~1997년에는 대학입학제도 관련 단어(수학능력시험, 대입제도, 재수생)가 '교육'과 '입시'라는 단어와 높은(14.3%) 연관성을 나타냈으며, 1998~2007년에는 고등학교 다양화 제도 관련 단어(고교등급제, 평준화 등)가 대학입시관련 단어보다 더욱 높은 연관성을 보였고 '특목고', '자사고', '일반고' 등과 같은 단어는 2008~2018년에도 자주 등장하였다. '중학교(생)'이라는 단어가 1997년 이후에 더욱 많이 등장한 것은 '고등학교 교육의 다양화'를 표방하는 2000년대 교육 경쟁의 현실을 나타낸다.

그림 1.1 11개 중앙일간지 기사 검색('교육', '입시' 연관 검색어): 1990~1997

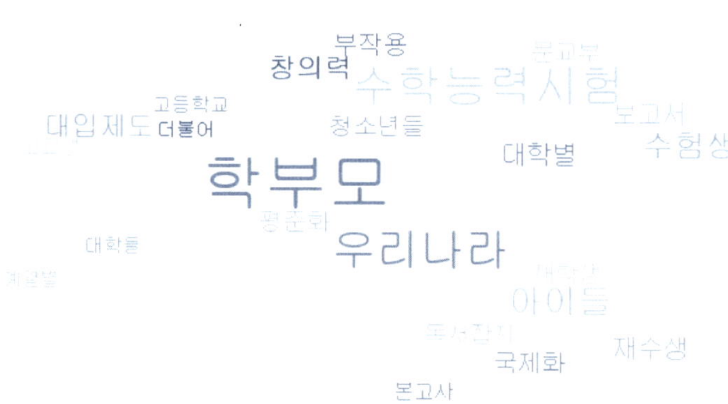

그림 1.2 11개 중앙일간지 기사 검색('교육', '입시' 연관 검색어): 1998~2007

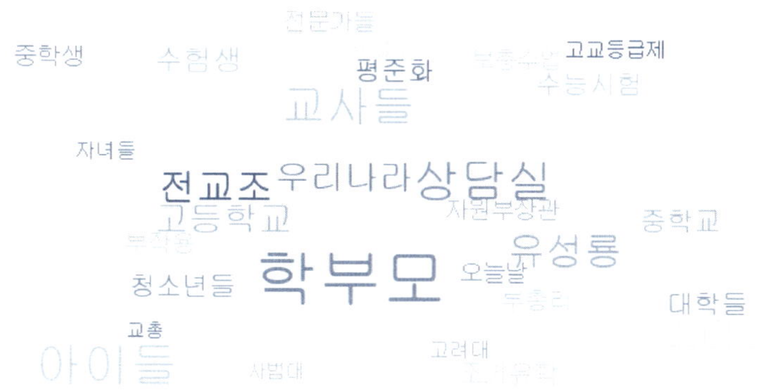

그림 1.3 11개 중앙일간지 기사 검색('교육', '입시' 연관 검색어): 2008~2018

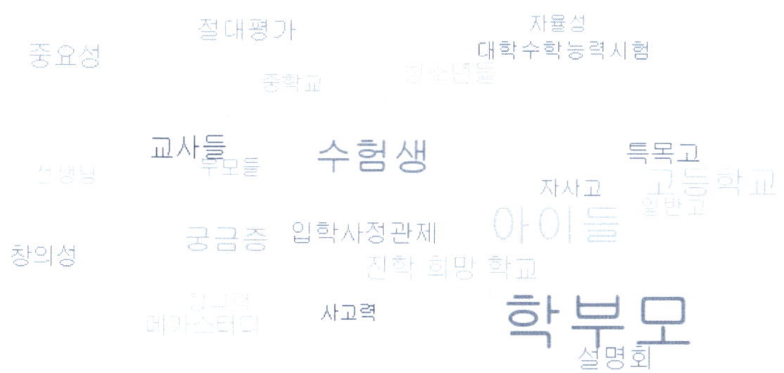

그러나 한국사회에서 부모의 사회경제적 지위 등 가정배경적 요인이 자녀의 교육결과에 미치는 효과에 대해서는 좀 더 구체적인 연구가 필요하다. 교육열이 높은 한국사회에서 가정배경적 요인이 자녀의 교육에 일정하게 영향을 미칠 것이라는 점은 쉽게 이해할 수 있으나, "가정배경의 어떤 요인이 자녀의 교육성취도 등에 영향을 미치는가?, 이러한 영향은 자녀의 학급(년)별로 어떻게 달라지는가" 등에 대해서는 사

회조사자료 등에 기초하여 좀 더 명확히 분석할 필요가 있다. 또한 시기별 차이를 파악하기 위해서는 부모의 학력, 직업 등과 같은 가정배경적 요인뿐만 개인의 학업 선택에 영향을 미치는 거시적 요인(지역사회 요인, 교육제도 요인, 사회경제구조 요인 등)도 고려해야 한다. 이러한 두 가지 차원의 요인들이 시기별로 어떻게 변화하였는지, 그리고 각 시기별로 가정배경 요인들이 교육성취에 어떠한 영향을 미치는지 구체적으로 살펴볼 필요가 있다.

3. 본서의 내용 및 자료 소개

본서는 다음과 같이 구성되어 있다. 먼저 2장은 한국 사회의 학교교육기회 확대과정을 설명한다. 1950~2010년의 교육팽창에 영향을 미친 교육관련 제도 변화를 소개하고, 각 시기별 사회경제적 변화와 교육팽창의 연관성을 설명한다. 또한 한국적 교육기회 확대의 특징 등을 개괄적으로 파악하고, 교육기회 확대 요인을 제도적 차원과 개인적 차원, 공교육 차원과 사교육 차원 등으로 구분하여 살펴본다. 이를 위해 각종 문헌과 통계를 정리하고 교육팽창과 교육불평등 현실을 역사적으로 파악한다. 또한 정부 및 교육관련 연구기관이 발간한 교육통계 자료집을 통하여 교육성과 현실을 시계열적으로 파악한다. 특히 정부의 교육예산 및 대학 등록금과 관련한 자료, 사교육 문제를 나타내는 각종 사회조사자료를 통하여 교육기회 팽창기에 나타난 교육불평등 현실을 개략적으로 파악한다.

3~6장은 가정배경 요인들이 자녀의 학업 결과에 미치는 효과를 실증적으로 분석한다. 3장은 교육과 사회이동 조사와 인구총조사 자료를 활용하여 아버지의 교육 수준과 본인의 교육 수준과의 연관성이 1950~82년 출생 코호트에 따라 어떻게 변화해왔는지 살펴본다. 4장은 2000~2018년 PISA 자료를 이용하여 부모의 사회경제적 지위가 자녀

의 학업성취에 미치는 영향이 어떻게 변해왔는지 살펴본다. 5장은 2003~2014년 학교 교육 실태 및 수준 분석 연구 자료를 사용하여 부모의 사회경제적 지위가 자녀의 학업성취에 미치는 영향을 분석하며, 특히 사회자본, 문화자본, 사교육의 설명력이 어느 정도이며 시간 추이에 따라 어떻게 변화해왔는지 파악한다. 6장은 2000~2018년 PISA 자료를 이용하여 부모의 사회경제적 지위가 자녀의 학업성취에 미치는 영향이 미국, 홍콩, 일본에서는 각각 어떻게 변해왔는지 비교 분석한다. 마지막으로 7장은 분석 결과를 토대로 지난 반세기 한국사회에서의 교육불평등이 어떻게 변해 왔는지 종합적으로 논의하고, 미래 한국사회의 교육 불평등에 대한 시사점을 제시한다.

CHAPTER

02

한국사회의 교육기회 확대

CHAPTER 02

한국사회의 교육기회 확대

1. 서론
2. 교육제도 변화와 단계적 교육기회 확대
3. 교육재정 현실과 사적 부담
4. 교육팽창기 사교육기회
5. 교육팽창의 세대 간 비교
6. 결론

CHAPTER 02

한국사회의 교육기회 확대

1. 서론

한 사회의 교육기회는 교육제도 등 다양한 거시적인 요인과 밀접히 관련된다. 국가가 각종 교육제도를 도입하고 국민들에게 교육을 제공함에 따라서 교육기회는 더욱 확대되었으며, 취학연령층이 실제로 교육받을 기회는 입학제도, 교육재정, 교육시설 및 교원 규모 등 제도적 특성에 따라서 시기별로 달라진다. 전 국민을 대상으로 하는 의무교육 제도 혹은 무상(無償) 교육을 초등교육 단계에 국한하여 실시하는 경우와 이를 중·고등교육 단계로 확대하는 경우에 따라서 교육기회가 변화하고 학생들의 진학률도 상이하게 나타난다.[1)] 사회구성원의 교육적 성취도 혹은 한 사회의 학력별 구성 등이 시기별로 달라지는 것은 이러한 제도·환경적 요인이 역사적으로 변화하기 때문이다.

또한 학생이 실제로 교육받을 기회는 가족배경에 직접적인 영향을 받는다. 동일한 제도와 교육 여건에서도 개인의 학력이나 교육성취가 달라지는 것은 부모의 경제적 배경이나 학력자본이 자녀의 공·사 교육기회에 영향을 미치기 때문이다. 학생들이 질 높은 교육을 더 많이 받을 수 있는 기회는 부모의 학력, 정보, 관심, 소득수준에 따라 결정되고, 소위 입시명문학교 입학뿐만 아니라 다양한 종류의 교육접근성도 이러한 가족배경 요인에 의하여 결정된다. 특히 교육열이 높은 한국사회에서 학생 개인의 교육적 성취는 부모의 경제력이나 학력 등의 가정배경과 밀접히 관련된다.[2)]

따라서 한국사회의 교육기회 변화를 이해하기 위해서는 교육제도 등 거시적 차원의 제도·환경적 요인을 구체적으로 파악하고 시기별 특징을 정리할 필요가 있다. 또한 동일한 제도적 맥락에서도 부모의 사회경제적 지위 등 가정배경적 요인이 자녀의 교육기회에 미치는 영향을 파악할 필요가 있다. 각 시기의 제도적 특성이 공·사영역의 교육기회에 미치는 효과를 설명한다면, '교육팽창'과 '교육격차'가 공존하는 한국사회의 교육 현실을 이해할 수 있다.

이 글은 한국사회에서의 교육기회 변화과정을 정리하고 교육팽창의 특징을 설명한다. 교육제도 등 교육기회 확대의 제도적 요인을 설명하고, 이러한 제도 변화에서 나타난 교육재정 문제와 사교육 문제를 통하여 교육기회 팽창의 특징을 정리한다. 또한 부모세대와 자녀세대의 학력 구성을 연령집단별로 비교하여, 전 사회적으로 진행된 교육기회 변화가 부모세대를 매개로 개인의 학력 성취에 미치는 영향을 시계열적으로 정리한다.

2. 교육제도 변화와 단계적 교육기회 확대

한국사회의 교육기회는 초등학교부터 대학교까지 단계적으로 확대되었다. 한국의 교육팽창 경험을 연구한 많은 학자들의 논의를 정리하면 1950년대는 초등교육의 완전취학을 성취한 시기, 1960~1980년은 중등교육기회의 확대와 양적 성장의 시기, 1980년대는 졸업정원제도로 인하여 고등교육기회가 본격적으로 확대되었던 시기, 그리고 2000년대는 한국사회의 다원화와 정보화 등에 대응하여 교육의 질적 변화를 추진했던 시기라고 할 수 있다.[3] 이러한 점에서 현재 한국의 고학력화는 1950년대 이후 교육기회가 단계적으로 누적된 결과라고 할 수 있다.

한국사회에서 교육기회 확대를 낳은 일차적 요인은 국가주도형 교육제도이다. 1953년에 도입된 정부의 의무교육제도는 초등 교육기회의 확대에 많은 영향을 미쳤으며, 1970년대 실시된 중·고등학교 입시제도 변화는 중등교육의 보편화를 낳았다. 또한 1980년대의 대학졸업정원제도와 1990년대 후반기의 대학설립준칙주의는 고등교육기회를 더욱 확대하였다.

먼저 초등교육기회는 해방 후 미군정기부터 실시된 각종 교육정책이 누적된 결과이다. 해방 후 정부가 공사립 소학교 개학, 소학교 교사의 등록 의무화, 교사 양성, 한글 교재 제작 및 보급, 2부제 수업 등을 실시한 결과, 1942년에 47%에 불과했던 초등학교 취학률은 1946년에 56%, 1947년에 65%로 증가하였다.[4] 또한 '초등학교의무교육완성 6개년 계획(1954~1959년)'을 수립한 후 초등학교 취학률이 더욱 높아져, 1950년대 말에는 90%를 기록할 정도로 초등교육기회가 대중화되었다.

1960년대 후반기부터 중학교–고등학교의 순서로 진행되었던 입시제도 변화는 상급학교 진학기회를 더욱 확대하였다. 초등학교 졸업자의 중학교 진학률이 1968년에 55.9%에 이를 정도로 높아지자, 정부는 1969년 입학자를 대상으로 중학교 입학시험을 폐지하고 공사립중학교 14개교를 연차적으로 폐지하였으며,[5] 1974년에 서울과 부산에서 처음 시작한 고교평준화 제도를 1975년부터 주요 도시 등으로 확대하면서, 고등학교 진학률이 높아졌다. 중학교 진학률은 1979년에, 고등학교 진학률은 1985년에 90%를 초과할 정도로 중등교육의 보편화를 낳았다.[6]

한국의 교육정책은 1990년대 들어서 과거의 양적 팽창 기조에서 벗어나 다양화와 개방화를 강조하면서 질적으로 변화하였다. 대통령 자문기구인 교육개혁위원회는 1995년에 "신교육체제 수립을 위한 교육개혁방안"을 발표하고 "세계화 · 정보화 · 다원화로 지칭되는 20세기 사회적 특징을 반영하여, 학습자 중심 교육, 학교운영의 자율성과 책무성, 교육의 다양화와 정보화 교육 확대" 등을 강조하였다.[7] 2000년대 들어서 초 · 중등학교 수준에서 다양한 교육제도가 도입되었고 자율형 사립학교 등을 확대하는 "고등학교 다양화 300 프로젝트"가 추진된 경험도 있다.[8] 21세기 한국 교육은 중등교육 유형 혹은 고등교육의 질적 수준에 따라서 분화되는 것이 현실이다.

한편 대학교육기회 확대도 정부의 고등교육정책과 밀접히 관련된다. 일례로 정부는 1978년에 교육법을 개정하여 종래의 단기교육기관(간호대학, 실업고등전문학교 등)이 전문대학으로 전환하도록 허용하였고, 1970~80년대 중화학공업정책에 필요한 고등인력 양성을 위하여 공과대학 전공 규모를 확대한 바 있다.[9] 또한 "본고사제도 폐지, 대학의 입학정원제를 졸업정원제로 전환" 등을 주요 내용을 하는 1980년 7 · 30 교육개혁조치는 대학별 신입생 정원을 30% 정도 확대하여 고등학교 졸업자들의 대학 입학기회를 확대한 바 있다.[10] 최근에는 "대학설립준칙주의"가 고등교육 확대에 직접적인 영향을 미쳤다. 교육개혁위원회는 1995년에 "학교의 설립 목적과 학교의 특성에 따라 학교 설립 기준을 다양하게 규정하여, 일정 기준을 충족하면 학교를 자유롭게 설립할 수 있도록 한다"는 내용을 골자로 하는 정책기조를 발표하였다.[11] 이 조치로 인하여 대학설립 요건이 간소화되었고, 전국적으로 고등교육기관 수는 더욱 증가하였다.

결국 해방 후 교육제도 변화에 따라서, 교육기회는 초등학교－중학교－고등학교－대학교의 순서로 확대되었다. 1960년대 후반기부터 중학생 규모가 급속히 증가하였고, 이들이 상급학교에 진학하던 1970년대 초반부터 1990년대 초반까지 고등학교 학생 규모가 증가하였다([그림 2.1]). 또한 1970년대 전반기에 일정 규모에 불과하였던 대학생 규모는 산업화 정책에 따른 인력수요가 높았던 1970년대 후반기부터 점차 증가하였으며, 대학졸업정원제가 실시되었던 1980년 초반에는 좀 더 가파르게 증가하였다.

그림 2.1 학교유형별 학생 수 추이: 1965~2016년 (단위: 명)

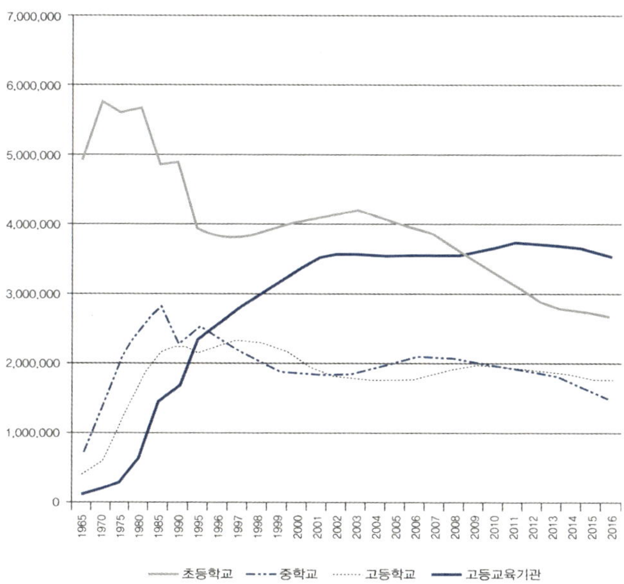

출처: 한국교육개발원(2010), 통계청(KOSIS)

3. 교육재정 현실과 사적 부담

한국의 의무교육제도 혹은 입시제도 등이 교육기회를 확대하는 제도적 요인이라면, 공공교육예산은 제도화된 교육기회를 실현하는 재정적 요인이다. 국가가 필요한 교육시설을 마련하고 교원을 양성하며 학생교육에 필요한 각종 비용을 제공할 때, 모든 국민들은 '의무화'된 교육기회를 활용할 수 있다. 이러한 의미에서 의무교육제도에 의한 교육

기회 확대는 충분한 공공 교육재정을 확보할 때 가능하다.

한국사회에서 공공 교육예산은 교육제도 변화에 따라서 지속적으로 확대되어 왔다. 1960~1971년에 "의무교육시설확충 5개년계획"을 수립하고 교육시설과 교원의 수를 확대하였으며, 1970년대에는 지방교육재정교부금제도를 마련하고 초중등교육을 지원하였다.[12] 교육부 예산이 정부 예산에서 차지하는 비중도 17.6%(1970년)에서 20.4%(2000년), 19.6%(2010년)으로 높아졌다([표 2.1]). 또한 교육재정은 초등학교-중학교-고등학교의 단계별 교육기회 확대에 맞추어 시기별로 상이하게 나타났다. "의무교육시설확충 5개년계획"에 따라서 마련된 정부의 교육예산은 초기에는 초등학교를 중심으로, 중등교육 수요가 높아진 1970년대에는 초등학교보다는 중·고등학교를 중심으로 집행되었다.[13]

이러한 교육재정 확대는 무상교육을 통한 교육기회의 확대를 낳았다. 1959년부터 공립 초등학교의 수업료 등을 국가가 부담하고 이후 농어촌 지역부터 전국의 모든 중학교에서 무상교육을 실시함으로써, 많은 국민들은 과거보다 적은 부담으로 학교를 다닐 수 있었다. 특히 2012년에 저소득층 자녀를 대상으로 도입된 국가장학금제도는 학비부담으로 대학을 포기할 수밖에 없는 빈곤층의 재정부담을 완화하

표 2.1 교육예산 추이: 1965~2015년 (단위: 십억원, %)

	1970	1980	1990	2000	2010	2015
정부 예산 총액(A)	446.2	5,804	22,689	93,937	211,992	322,787
교육 예산 총액(B)	78.4	1,099	5,062	19,172	41,672	51,224
교육예산 비중 (B/A)	17.6	18.9	22.3	20.4	19.6	15.9

주) 정부예산은 2004년까지 '일반회계+지방양여금관리특별회계+지방교육양여금관리특별회계'이며, 2005년부터는 '일반회계+특별회계'이다. 또한 교육부 예산은 '일반회계+특별회계'로서 2009~2012년에 (구)교육과학기술부 예산을 의미함.
출처: 교육통계서비스 DB(http://kess.kedi.re.kr/index)

였다.

그러나 공공 교육재정 확대에도 불구하고, 초중등 교육에 필요한 비용 가운데 일부는 학부모 등 사적 부담에 의존해야 했다. 특히 2000년대 들어서 전국적으로 확대된 자립형 사립 고등학교와 특수목적 고등학교의 교육비용에 대한 학부모들의 경제적 부담은 매우 높았다. 이러한 경향은 현재도 지속되어, 2017년 서울지역 사립 특수목적 고등학교의 수업료는 동 지역의 국공립 일반 고등학교에 비하여 4배 이상 높고, 학교운영지원비도 2배에 이른다([표 2.2]).

표 2.2 각급 학교 납입금 징수액(학생 1인당 연간 액수): 2017년 (단위: 천원)

	서울	평준화지역	비평준화지역
국공립 일반 고등학교			
- 수업료	1,450.8	936~1,406.4	866.4~1,002
- 학교운영비	372.48	201.6~302.2	201.6~283.05
사립 특수목적 고등학교			
- 수업료	6,045.8	1,558.4~6,694.8	866.4~1,914
- 학교운영비	757.28	209.5~616.8	191.4~209.5
사립 자율고등학교			
- 수업료	4,423.1	3,360.4~4,458	2,808~3,194
- 학교운영비	1,006.11	756.9~2,649.5	852~1,063

주) 표의 수치는 해당 항목의 최저비용과 최고비용이며, 비용 항목 가운데 입학금은 제외하며, 학교 적용지구 구분에서 읍면, 도서벽지 지역은 제외함.
출처: 교육통계서비스 DB(http://kess.kedi.re.kr/index)

사적 교육비 부담의 문제는 고등교육에서 좀 더 명확하다. 정부는 대학교육의 질적 향상을 위하여 대학의 교육비와 각종 연구개발비용을 지원해 왔으나, 정부의 교육예산에서 고등교육이 차지하는 비중은 1970년대와 1980년대에 10%에도 못 미쳤으며, 고등교육 예산 규모가 증가했던 2012년에도 교육부 예산 가운데 고등교육 예산이 차지하는 비중은 14%에 불과하였다.[14] 이러한 고등교육 재정수준을 OECD 국가와 비교하면, 1995~2009년 고등교육기관 학생 1인당 연간 공교육비는 OECD 평균의 70% 수준에 불과하였다([표 2.3]).[15] 결국 한국의 공공 교육재정은 초·중등교육 팽창에 긍정적인 기여를 하였으나, 고등교육의 질적 개선에 크게 기여하지 못하였음을 확인할 수 있다.

표 2.3 한국과 OECD의 고등교육 재정 비교: 1995~2009년

	1995	2000	2005	2009
고등교육기관 학생 1인당 연간 공교육비(달러 구매력 지수)				
– OECD	8,134	9,571	11,512	13,728
– 한국	5,203	6,118	7,606	8,513
고등교육단계 공교육비 민간 부담 비중(%)				
– OECD	25.2	19.5	25.5	26.8
– 한국	84.4	75.6	75.4	72.5
GDP 대비 고등교육단계 공교육비 정부부담 비율(%)				
– OECD	1.0	1.0	1.1	1.1
– 한국	0.3	0.6	0.6	0.7

주) 정부예산 및 교육부예산은 『교육통계연보』예산을 기준으로 하며, 국제비교는 『OECD 교육통계』를 참조함.
출처: 대학교육연구소(2013)

공공 교육재정의 제한된 기여도는 한국의 고등교육에서 사립대학의 높은 비중 및 열악한 재정여건과 밀접히 관련된다. 한국의 4년제 대학 재학생 가운데 사립대학의 비중은 2000년대 들어서 77%로 늘어났으며([그림 2.2]), 학부모와 학생들의 등록금 부담도 매우 높았다. 교육부의 공식통계자료에 의하면, 2017년 기준 공과대학의 연간 수업료는 국공립대학에서 최저 1백 6십여 만원~최대 7백 6십여 만원이지만, 사립대학 경우에는 최저 2백 9십여 만원~최대 1천 3백 7십여 만원에 이른다(교육통계서비스 DB). 특히 서울의 소위 '명문' 사립대학일수록 수업료 등 교육비용이 높아, 학부모들은 이러한 대학에 진학하기 위해서 상당한 교육비용을 부담해 왔다.

그림 2.2 국공립대학과 사립대학의 대학생 추이 (단위: 명)

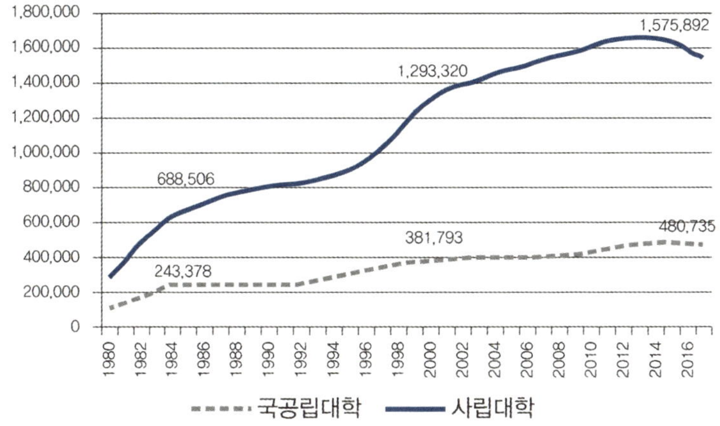

출처: 통계서비스 DB(http://kess.kedi.re.kr/index)

이러한 사실은 한국의 교육성취와 관련하여 매우 중요한 의미를 갖는다. 정부의 각종 교육제도에 의하여 고등교육이 대중화 됨에도 불구하고, 모든 사람이 이러한 교육기회를 누릴 수 있는 것은 아니다. 일부 학생들은 고등학교 진학단계에 실업계 고등학교를 선택하거나 재정 부담이 적은 전문기술학교에 입학하였으며, 대학에 입학한 후에도 학업과 휴학을 반복하는 경우도 많았다. 한국의 고등교육에 대한 사적 재정 부담이 높은 상황에서는 학생의 대학 진학이나 졸업 가능성이 부모의 경제적 배경에 더욱 많은 영향을 받을 수밖에 없다.

4. 교육팽창기 사교육기회

한국사회에서 교육기회 확대의 특성을 이해하기 위해서는 더 좋은 학교로 진학하려는 사교육문제를 파악해야 한다. 전통적으로 교육열이 높은 한국사회에서는 교육에 대한 수요가 항상 높았으며, 교육기회 팽창에도 불구하고 소위 '명문'학교 진학을 위한 교육경쟁과 사교육 열풍은 한국사회의 뿌리 깊은 문제로 남아 있다.[16] 따라서 '초·중등교육의 보편화' 등으로 특징되는 교육기회 확대는 사교육 기회와 밀접히 관련되어 있다.

해방 후 입시제도 변화는 기본적으로 '명문' 중·고등학교 혹은 '일류' 대학교 진학을 위한 과열경쟁 문제를 해결하려는 취지를 갖는다. 물론 정책 결정자와 집권 정치세력이 당시의 다양한 정치·경제·사회 문제를 해결하기 위하여 교육제도를 변화시켜 왔으나, 이러한 제도 변화의 공통적인 취지는 입시과열 해소와 사교육문제 해결이었다. 1969년 입학자를 대상으로 처음 실시된 중학교 무시험제도 혹은 이후 도입된 고등학교 평준화 정책은 기본적으로 '명문' 중·고등학교 입학 과열 문제를 해결하려는 취지로 도입되었다. 또한 평준화된 고등학교 졸업생들의 대학입시경쟁이 사교육 과열화 등 많은 부작용을 낳자, 정부는 과외를 전면 금지하고 대학입학정원을 확대한 바 있다.

한국사회에서 사교육 문제는 매우 오랫동안 지속되어온 사회문제이다. 교육개발원이 조사한 바에 의하면, 초·중등 교육이 보편화되었던 1980년에도 초·중·고등학교 학생 전체의 14.9%, 대도시 학생의 43.9%가 과외수업을 받고 있으며, 보호자의 학력과 가정의 소득이 높을수록 과외수업 경험자 비율이 높았다.[17] 사교육 문제는 과외조치가 전면적으로 금지되었던 1980년대에 일시적으로 해소되었으나, '교육선택권'과 '수월성' 교육이 강조되고 고등교육기회가 확대된 2000년대에 다시 심화되었다. 일부 특성화 고등학교 혹은 자립형 사립학교가 '일류' 대학 입시에서 많은 성과를 낳자, 중학생뿐만 아니라 초등학생에게도 사교육이 확대되었다. 각종 연구 결과에 의하면, 가정의 소득수준과 가구주의 직업위계가 높을수록 자립형 사립 고등학교에 대한 수요도 증가하였으며,[18] 사교육비 지출규모가 클수록 특수목적 고등학교 혹은 자립형 사립 고등학교 진학 확률도 높아지는 경향이 나타났다.[19] 또한 대학교육이 대중화되면서, 소위 '일류'대학 혹은 일부 유망한 전공 입학을 위한 경쟁은 더욱 치열해졌고 "입시경쟁교육의 시장화"[20] 경향은 더욱 심화되었다.

정부의 각종 사교육 관련 조사결과는 최근 사교육 기회와 가정배경의 연관성을 잘 나타낸다. 일례로 부모의 학력이 높을수록 혹은 소득수준이 높을수록 사교육 참여율이 높다. 2015년의 경우, 대학원 졸업자를 아버지로 둔 자녀(일반 고등학생)의 사교육 참여율은 70.6%인 데 반하여, 중졸이하 아버지를 둔 일반 고등학생의 경우에는 34.3%에 불과하다([표 2.4]). 이러한 차이는 어머니의 학력이 대학졸업자 혹은 중학교 졸업자인 경우에도 거의 동일하게 나타났다. 또한 가정의 경제적 수준별로 사교육 참여율이 달라졌으며, 특히 소득수준별 사교육 격차는 초등학교 단계보다는 고등학교 단계에서 더 컸다([그림 2.3]~[그림 2.5] 참고). 결국 공교육제도가 보편화되는 상황에서도, 가정 배경에 따라서 사교육 기회가 달라지고 자녀의 상급학교 진학이나 교육성취도는 가정배경에 따라서 달라질 것으로 예상할 수 있다.

그림 2.3 2015년 학생(자녀)의 사교육참여율: 아버지의 교육수준별 비교(단위: %)

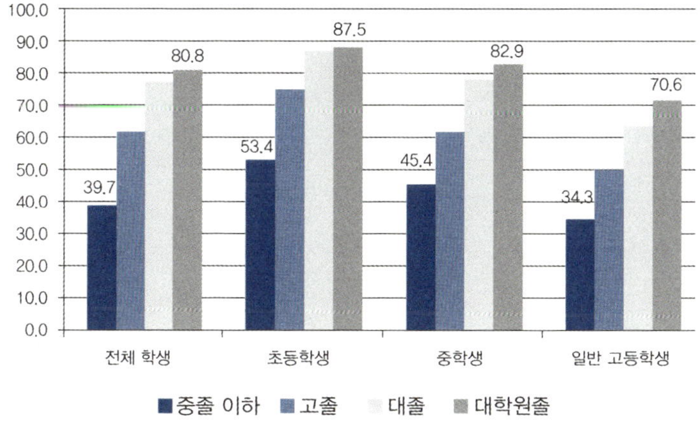

출처: 통계청 "초 · 중 · 고 사교육비조사"(www.kosis.kr)

표 2.4 사교육 참가율: 2007~2015년

	전체 학생			일반계 고등학생		
	2007	2010	2015	2007	2010	2015
전국	77.0	73.6	68.8	62.0	61.1	56.8
대도시	79.6	75.5	71.0	68.4	66.0	63.1
대도시 이외	74.8	72.2	67.2	55.8	56.5	52.2
아버지의 교육 정도						
중졸 이하	46.1	41.2	39.7	37.5	39.0	34.3
고 졸	71.7	67.2	60.6	56.5	53.2	50.0
대 졸	87.6	83.4	77.1	72.8	69.6	63.2
대학원졸	90.5	87.2	80.8	80.9	77.2	70.6
어머니의 교육 정도						
중졸 이하	47.9	42.8	40.2	41.0	40.4	35.4
고 졸	75.0	69.7	62.0	60.1	57.0	52.4
대 졸	89.5	85.5	79.0	75.5	72.8	64.6
대학원졸	91.6	88.7	81.6	85.5	79.9	69.6
월평균 가구소득						
200~299만원	77.0	69.8	59.4	55.9	51.4	46.3
300~399만원	84.4	79.8	70.2	67.1	62.9	54.2
400~499만원	89.2	84.5	76.2	74.2	69.6	60.8
500~599만원	90.5	87.1	78.9	77.9	75.3	65.7
600~700만원	92.7	89.6	82.7	85.1	78.9	67.5
700만원 이상	93.5	89.1	82.8	86.3	80.8	74.0

출처: 통계청 "초 · 중 · 고 사교육비조사"(www.kosis.kr)

그림 2.4 2015년 학생(자녀)의 사교육참여율: 어머니의 교육수준별 비교(단위: %)

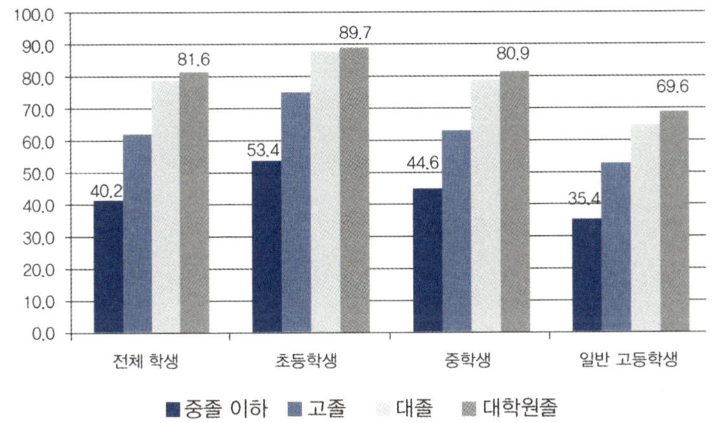

출처: 통계청 "초 · 중 · 고 사교육비조사"(www.kosis.kr)

그림 2.5 2015년 학생(자녀)의 사교육참여율: 월평균 가구소득 수준별 비교(단위: %)

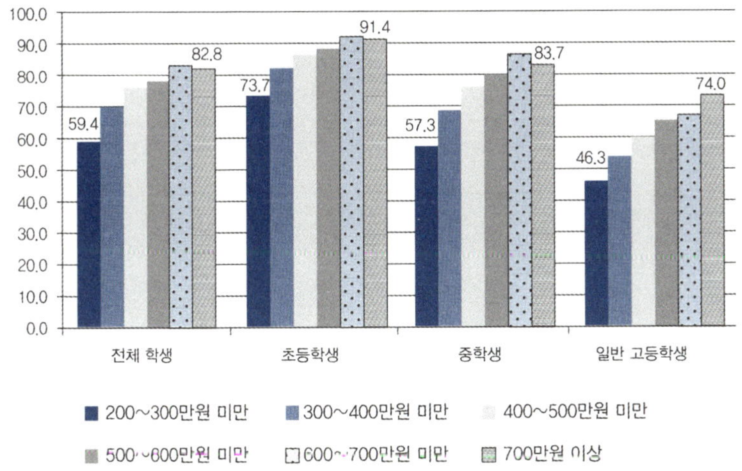

출처: 통계청 "초 · 중 · 고 사교육비조사"(www.kosis.kr)

5. 교육팽창의 세대 간 비교

한국의 교육제도 변화는 전 사회적인 고학력화를 낳았다. 1980년대 이후 경제활동인구의 학력구성을 보면, 전 국민 가운데 고졸이하 학력 집단이 해마다 증가하였으며, 대학교육이 대중화되면서 대학졸업자 비중도 계속 증가하였다. 15세 이상 인구 가운데 대학졸업자 비중은 1980년대 중반까지만 해도 10%에 불과하였으나, 2010년을 기점으로 30% 이상으로 증가하였다([그림 2.6]).

그림 2.6 15세 이상 인구의 학력별 비중: 1980~2014 (단위: %)

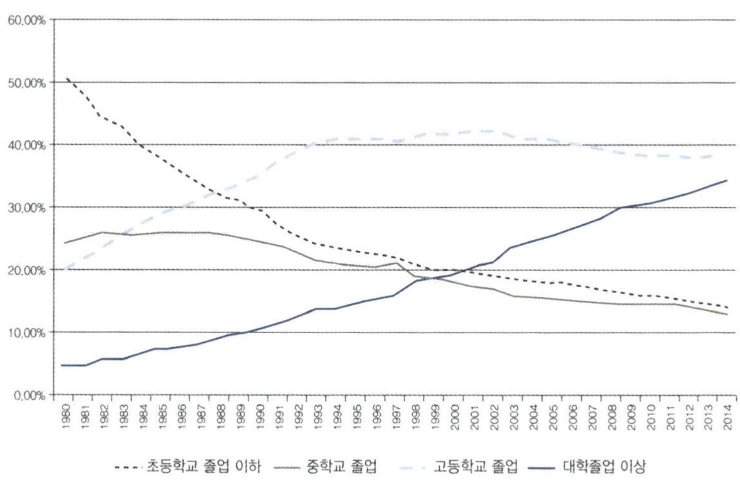

출처: 통계청, "경제활동인구조사"(www.kosis.kr)

이러한 고학력화는 의무교육제도 등 각 시기별 교육제도의 결과이므로, 각 세대의 학력별 구성은 구성원의 학창기 교육제도에 따라서 세대별로 상이하게 나타났다. 부모 세대는 의무교육제도가 도입되면서 초·중등교육을 받았고 이 가운데 일부만이 대학에 진학한 반면, 이들의 자녀 세대는 초·중등교육의 보편화와 고등교육의 대중화에 따라서 부모세대보다 더 높은 학력집단이 되었다. 2015년 대졸이상 학력집단의 비중을 보면, 부모세대인 50대의 경우에는 17.8%였으나, 이들의 자녀에 해당하는 20대 연령층의 경우에는 40.9%에 이른다([표 2.5]).

표 2.5 연령별 학력 구성: 2015년 20세 이상 연령층 (단위: 천명, %)

	20대	**30대**	40대	50대	**60대 이상**	전 연령
합계	6,107 (100)	**7,437 (100)**	8,496 (100)	8,018 (100)	**9,317 (100)**	39,378 (100)
고졸 이하	1,018 (16.7)	**1,923 (25.9)**	4,169 (49.1)	5,578 (69.6)	**8,124 (87.2)**	20,815 (52.9)
대학 (4년제 미만)	1,548 (25.3)	**1,851 (24.9)**	1,325 (15.6)	607 (7.6)	**217 (2.3)**	5,550 (14.1)
대학교 (4년제 이상)	3,319 (54.3)	**3,048 (40.9)**	2,395 (28.2)	1,432 (17.8)	**777 (8.3)**	10,973 (27.9)
대학원 이상	221 (3.6)	**614 (8.3)**	606 (7.1)	399 (4.9)	**198 (2.1)**	2,040 (5.2)

출처: 통계청 "인구 총조사"(www.kosis.kr)

또한 동일한 연령집단 내에서도 학력격차가 발생하였다. [표 2.5]에서 알 수 있듯이, 대학 진학률이 상대적으로 높은 30대 연령층에서도 대학졸업 이상 학력계층의 비중은 50%에 약간 못 미치며, 40대 연령층에서도 이러한 비중이 35% 정도에 불과하다. 전통적으로 학부모 혹은 학생 개인별로 고가(高價)의 대학등록금을 지불해야 하는 상황에서, 등록금을 마련하지 못하고 대학진학을 포기하는 사례가 상당히 존재해 왔음을 알 수 있다. 실제로 한국직업능력개발원이 2004년 당시 중학교 3학년인 청년 1,957명의 대학 진학과 취업 여부 등을 2013년까지 10년간 추적해 조사한 결과, 4년제 대학 졸업 비율도 저소득층 가정 학생은 27.2%에 불과했으나 고소득층 가정 학생은 69.7%를 기록하였다.[21]

이러한 사실은 한 가정의 부모와 자녀를 대상으로 하는 종단조사 자료를 통해서 좀 더 명확히 알 수 있다. [표 2.6]은 1990년대 후반기에 시작된 한국노동연구원의 한국노동패널조사 1~15차 자료(KLIPS) 전체를 종합하여 부모의 교육수준에 따른 자녀의 교육수준을 정리하고 3개 연령집단별로 비교한 결과이다.[22] 첫 번째 연령집단(1951~1965년 출생 집단)은 전후 베이비붐 세대를 다수 포함하는 집단으로서, 본인은 초등교육 의무제도와 중등교육의 평준화를 경험한 세대이지만 이들의 부모는 대부분 일제시대에 초등학교 취학 연령계층이었다. 또한 세 번째 집단(1981~1990년 출생 집단)은 첫 번째 집단의 자녀 세대에 해당하는데, 교육기회가 본격적으로 팽창된 시기 혹은 다양화가 진행된 시기에 초·중·고등학교를 다녔고 고등교육 대중화가 본격화된 시기에 20대를 맞이한 집단이다. 부모－자녀의 학력구조를 이러한 집단별로 비교하면, 한국사회 교육기회 팽창이라는 거시적 흐름이 연령집단별 학력성취에 미치는 영향을 파악할 수 있다.

먼저 세 집단의 학력구성을 보면, 1951년 이후 태어난 (자녀)세대들의 고학력화 경향을 확인할 수 있다. 중졸 이하의 인구 비중은 출생시기가 빠른 집단(1951~1965년)보다는 최근에 출생한 집단에서 더욱 낮아지며, 전문대학 이상의 고등교육 경험자는 최근 출생 집단에서 더 높다. 예를 들어서, 대학졸업 이상 학력집단의 비중은 1951~1965년 출생 집단에서 15.2%이지만, 1981~1990년 출생 집단에서는 40.4%로, 전문대학졸업 집단의 비중도 동 시기에 6%에서 26%로 증가하였다.

또한 고등교육 대중화는 고학력층 부모보다는 저학력층 부모를 둔 가정의 자녀들에서 좀 더 명확히 나타났다. 부모가 대학졸업 이상의 학력집단인 경우에 자녀가 대학졸업자인 사례는 1951~1965년 집단이나 1981~1990년 집단에서 비슷한 수준(68%)이지만, 부모가 중졸 이하의 저학력집단인 경우에 자녀의 대학졸업자 비중은 전자의 연령 집단(10.6%)보다 후자의 연령 집단(24.8%)에서 2배 정도 높다. 따라서 한국사회 고등교육기회 확대는 전 국민의 고학력화를 낳았으며, 특히 저학력층 가정 자녀들의 대학진학률을 높이는 데 크게 기여했다고 할 수 있다.

한편 부모 학력에 따른 자녀의 학력 격차 현실을 3개 연령집단에서 공통적으로 확인할 수 있다. 부모 학력이 비교적 낮은 1951~1965년 출생 집단의 대학졸업자 구성비를 보면, 부모가 중학교졸업 이하인 경우에 10.6%이지만, 부모가 대졸자인 경우에는 68.2%에 이른다. 또한 부모 학력이 비교적 높은 1981~1990년 출생 집단 가운데 대학졸업자 비중도 부모가 고학력층인 경우에 더 높다([표 2.6]).

표 2.6 부모의 교육수준에 따른 자녀의 교육수준: 연령집단별 비교(단위: 명, %)

연령집단	부모 학력				
	합계	중졸 이하	고졸 이하	전문대학 졸업	대학졸업 이상
1951~1965년 출생 집단	3,874(100)	3,312(100)	370(100)	57(100)	135(100)
- 중졸 이하	1,378(35.6)	1,324(39.9)	48(12.9)	2(3.5)	4(2.9)
- 고졸 이하	1,673(43.2)	1,459(44.1)	168(45.4)	23(40.3)	23(17.0)
- 전문대졸 이하	235(6.1)	179(5.4)	34(9.2)	6(10.5)	16(11.9)
- 대학졸업 이상	588(15.2)	**350(10.6)**	**120(32.4)**	**26(45.6)**	**92(68.2)**
1966~1980년 출생 집단	5,079(100)	3,070(100)	1,425(100)	61(100)	496(100)
- 중졸 이하	235(4.6)	212(6.9)	18(1.2)	3(4.9)	2(0.4)
- 고졸 이하	2,054(40.4)	1,562(50.9)	430(29.6)	11(18.0)	51(10.3)
- 전문대졸 이하	946(18.6)	558(18.2)	324(22.3)	9(14.8)	55(11.1)
- 대학졸업 이상	**1,844(36.3)**	**738(24.0)**	**680(46.8)**	**38(62.3)**	**388(78.2)**
1981~1990년 출생 집단	1,947(100)	685(100)	923(100)	88(100)	251(100)
- 중졸 이하	30(1.54)	17(2.5)	12(1.3)	1(1.1)	0(0)
- 고졸 이하	624(32.1)	297(43.4)	261(28.3)	21(23.9)	45(17.9)
- 전문대졸 이하	507(26.1)	201(29.3)	256(27.7)	15(17.1)	35(13.9)
- 대학졸업 이상	**786(40.4)**	**170(24.8)**	**394(42.7)**	**51(57.9)**	**171(68.1)**

출처: 한국노동연구원(KLIPS) 1~15차 년도 통합 자료

결국 한국사회에서 자녀세대는 부모세대보다 더 높은 수준의 학력 집단으로 성장하였고 특히 과거에는 고등교육을 경험하기 어려웠던 저소득층 가정 자녀들의 대학교육 경험도 부모세대보다 더 많아졌다. 그러나 동일 연령집단 내에서 부모 학력에 따른 자녀의 학력 격차가 발생한다는 사실을 고려하면, 자녀의 학력은 부모 학력으로 표현되는 가정배경에 많은 영향을 받는다는 점을 확인할 수 있다.

6. 결론

한국의 교육 팽창은 해방 후 본격적으로 시작된 의무교육제도와 평준화 입시제도 등 다양한 교육제도 변화에 따라서 순차적으로 진행되었다. 정부는 초·중등학교의 순서대로 의무교육제도를 실시하였고, 공공 교육재정을 투입하여 교육여건을 개선하고 취학연령집단에게 교육기회를 제공하였다. 또한 '교육열'로 표현되는 광범한 교육수요를 반영하고 입시부작용 문제를 해결하기 위하여 대학입시에서 졸업정원제도 등을 도입함으로써, 더 많은 학생들이 상급학교에 진학할 수 있는 기회를 확대하였다.

그러나 공공 교육재정이 공립 초중등교육에 집중되었기 때문에, 모든 학생들이 고등교육단계에서 동일한 교육기회를 보장받은 것은 아니다. 현재에도 고등학교 이후의 교육비용에 대한 학부모들의 재정 부담이 남아 있으며, 특히 2000년대 확대된 일부 사립 고등학교와 대학교의 교육비 부담은 높은 수준이다. 이러한 의미에서, 한국사회의 교육기회 확대는 공공 교육예산에 의한 무상(無償) 교육과 사적비용 부담에 의한 유상(有償) 교육이 오랜 기간 동안 누적된 결과이다.

또한 한국사회에서는 교육경쟁과 과외열풍이 항상 존재해 왔으며, 일부 명문 고등학교 및 대학교 입학을 위한 사교육비 경험도 부모의 경제력에 따라서 상이하게 나타났다. 자립형 사립 고등학교와 특수목적 고등학교 입학을 위한 사교육 기회가 가정 배경에 따라서 다르게 나타났으며, 대학교육이 대중화되는 상황에서도 명문 대학 진학을 위한 사교육 경험도 가정배경에 따라서 많은 격차를 보이고 있다.

따라서 한국사회에서 개인의 학력은 취학시기의 교육제도와 가정배경적 요인에 따라서 많은 차이를 보인다. 각 시기별 교육제도에 따라서 상급학교 진학 가능성이 달라졌으며, 동일한 교육제도가 시행되는 시기에도 가정배경에 따라서 상급학교 진학률이 달라졌다. 베이비붐 세대가 다수를 차지하는 50대 이상의 연령층은 1960~1970년대에 초·중등학교에 진학하였으나 이들의 대학진학률은 높지 않았다. 그러나 이들의 자녀세대에 해당하는 20~30대 연령층은 교육기회의 팽창기에 학교를 다녔던 집단이므로, 부모 세대보다 훨씬 고학력화된 집단이다. 그럼에도 불구하고 자녀의 학력은 부모의 학력에 직접적인 영향을 받았다. 부모 학력이 비교적 낮은 베이비붐 세대의 경우에, 자녀의 대학 진학은 부모의 학력에 따라서 달라졌으며, 대학교육의 대중화가 나타난 최근 세대(1981~1990년 출생 집단)에서도 동일한 경향이 나타났다. 결국 한국사회는 국가교육제도를 기반으로 하는 교육기회 확대 경향과 가정배경에 따른 교육기회 격차 추이가 동시에 나타나는 특징을 보인다.

CHAPTER

03

아버지 학력이 자녀의 교육성취에 미치는 영향 변화: 1950~1982

CHAPTER 03

아버지 학력이 자녀의 교육성취에 미치는 영향 변화: 1950~1982

1. 절대적 가치 측면에서의 교육 불평등 변화
2. 상대적 가치 측면에서의 교육 불평등 변화
3. 소결론

CHAPTER 03

아버지 학력이 자녀의 교육성취에 미치는 영향 변화: 1950~1982[1)]

2장에서 살펴본 바와 같이 한국사회는 해방 후 초중등교육부터 고등교육에 이르는 모든 교육단계에서 급속한 교육팽창을 경험하였다. 그렇다면 한국사회에서 상급학교 진학에 있어 교육 불평등은 줄어들었을까? 아니면 증가하였을까? 아니면 이렇다 할 변화 없이 유지되었을까? 여러 연구자들은 자녀의 교육성취(educational attainment)에 대한 부모의 사회경제적 지위의 영향이 시간추이에 따라 어떻게 변화해 왔는지를 분석함으로써 이러한 물음에 답하고자 하였다.[2)] 그러나 연구의 결과는 일관적이지 못했다. 몇몇 연구에서는 교육 불평등이 감소하는 추세가 발견되지 않았으며,[3)] 다른 연구들에서는 교육 불평등이 증가한 것으로 나타났다.[4)] 또 다른 연구는 교육 불평등이 시간 추이에 따라 약해지다가 최근 들어 유지되는 경향을 보인다고 결론짓기도 하였다.[5)] 이렇게 연구마다 한국사회에서 교육 불평등이 어떻게 변화하였는지에 대한 결론이 다른 데에는 여러 이유가 있을 수 있지만, 무엇보다 연구마다 사용한 자료와 부모의 사회경제적 지위와 자녀의 학력을 측정하는 방식이 다르다는 점을 가장 주요한 이유로 들 수 있다.[6)]

그런데 이들 선행연구 대부분은 공통적으로 학력의 절대적 가치 측면에서 부모 학력과 자녀 학력 간의 연관성을 분석하고 있다.[7)] 즉, 학력의 가치가 시간에 따라 변화하지 않고 절대적으로 고정되어 있다고 가정하는 것이다. 예를 들면, 부모의 학력이 4년제 대졸일 때 자녀의 최종학력이 4년제 대졸인지, 아니면 그 이하 혹은 이상인지를 살펴보았는데, 이는 부모 세대에서의 4년제 대졸과 자녀 세대에서의 4년제 대졸이 동일한 가치를 갖는다고 가정한다.

그러나 교육 기회가 확대됨에 따라 지위재(positional goods)로써의 교육의 가치는 변하게 된다.[8)] 예를 들면, 전체 인구 가운데 소수만이 4년제 대학 교육의 기회를 얻을 수 있었던 부모 세대의 4년제 대학 졸업장과 고등학교 졸업자의 70% 이상이 대학에 진학하는 오늘날 자녀 세대의 4년제 대학 졸업장의 가치는 사뭇 다르다. 이러한 맥락에서 최근 수행된 연구들은 학력의 절대적 가치와 상대적 가치를 구분하여 분석해야 한다고 강조한다.[9)] 그러나 최성수와 이수빈(2018)의 연구를 제외한 거의 대부분의 선행연구들은 학력의 상대적 가치를 고려하지 않았다. 따라서 이 장에서는 학력의 절대적 가치와 상대적 가치를 동시에 고려하여 한국사회에서의 교육 불평등 변화를 살펴보았다. 이를 위해 '교육과 사회계층이동 조사'([글상자 3.1] 참조)와 '인구총조사' 자료의 1950~1982년 출생 코호트 대상 조사 자료를 분석하였다.

글상자 3.1 교육과 사회계층이동 조사

'교육과 사회계층이동 조사'는 한국교육개발원이 2008년부터 2011년까지 4년에 걸쳐 추진한 연구로, 2008년 기준 만 65세인 1943년 출생자부터 2011년 기준 만 25세인 1986년 출생자까지 전체 7,611명에 대해 출신 배경과 교육 기회에 관련한 다양한 자료를 수집하였다.10)

1. 절대적 가치 측면에서의 교육 불평등 변화

교육 불평등의 변화 추이를 살펴보기 이전에, 먼저 세대별 학력 수준 분포에 대해 살펴보자. [그림 3.1]은 '교육과 사회계층이동 조사'에 참여한 응답자들의 최종학력분포를 남녀로 구분하여 출생연도별로 (1950년~1982년) 나타낸 것이다. 그림에서 보이는 바와 같이, 남녀 간에 다소 차이는 있으나, 전반적으로 중졸 이하 비율이 최근으로 올수록 급격히 감소하였다. 예를 들어, 남자의 경우, 1950년생 가운데 중졸 이하의 비율은 절반이 넘었으나, 1982년생에서는 그 비율이 0%에 가까웠다. 이와는 대조적으로, 4년제 대졸 이상의 비율은 남녀 모두 최근으로 올수록 급격히 증가하였다. 특히 여자의 경우, 1950년생 가운데 4년제 대졸 이상의 비율은 10% 미만이었으나, 1982년생 가운데 그 비율은 40% 이상이었다.

그림 3.1 출생연도별 응답자 본인의 최종학력 분포

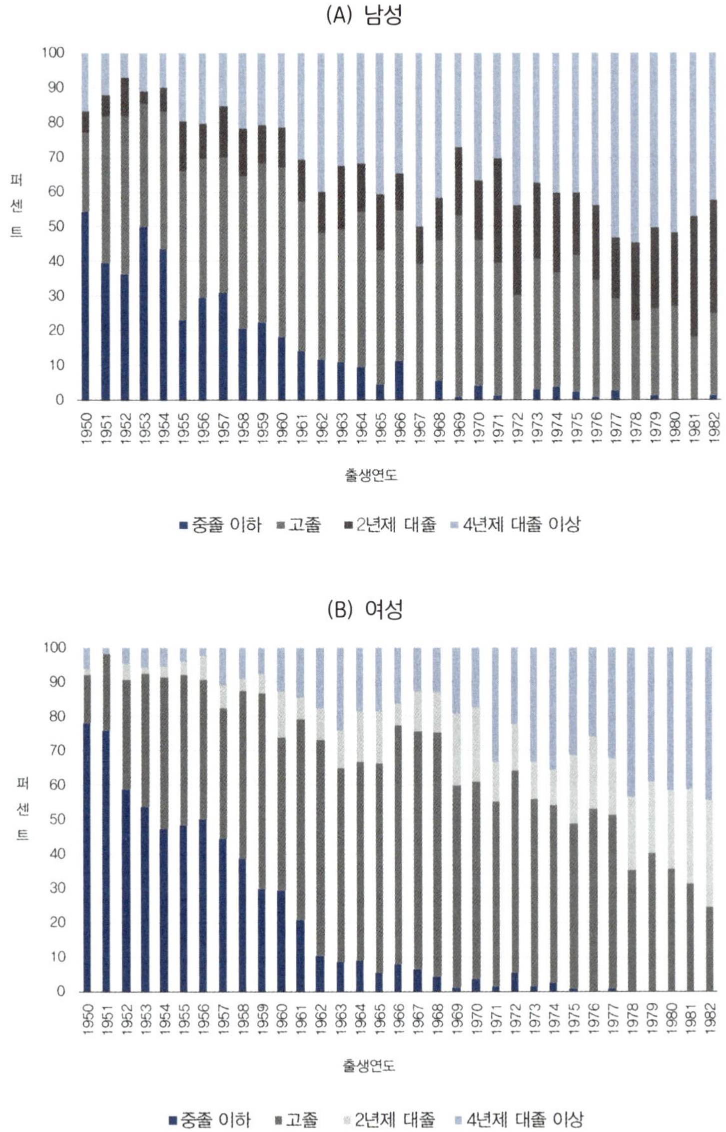

자료: 교육과 사회계층이동 조사.

다음으로 부모 세대의 학력 수준 분포를 살펴보자. 여기에서는 부모 가운데 아버지 학력 수준만을 고려하였는데, 이는 부모 세대의 경우 남성에 비해 여성의 교육 기회가 훨씬 적었기 때문에 이후의 통계적 분석에 어려운 점이 있기 때문이다. [그림 3.2]는 1950년과 1982년 사이 응답자 아버지의 최종학력 분포를 출생연도별로 보여준다. 구체적으로 살펴보면, 1950년생 응답자 가운데 아버지의 학력이 초졸 이하인 비율은 75%에 육박하였다. 반면, 아버지의 학력이 고졸 이상인 비율은 약 15%에 지나지 않았다. 이와는 대조적으로, 1982년생 응답자 가운데 아버지 학력이 초졸 이하인 비율은 약 5%인 반면 아버지 학력이 고졸 이상인 비율은 70%에 육박하였다. 이처럼 출생년도와 상관없이 아버지 세대는 자녀 세대에 비해 모든 교육 단계에서 교육의 기회가 상대적으로 적었다. 그러나 아버지 세대조차 교육 기회의 급속한 팽창의 영향으로 인해 최근으로 올수록 이전 세대에 비해 상대적으로 많은 교육 기회를 누리게 되었다.

그림 3.2 출생연도별 아버지 최종 학력 분포

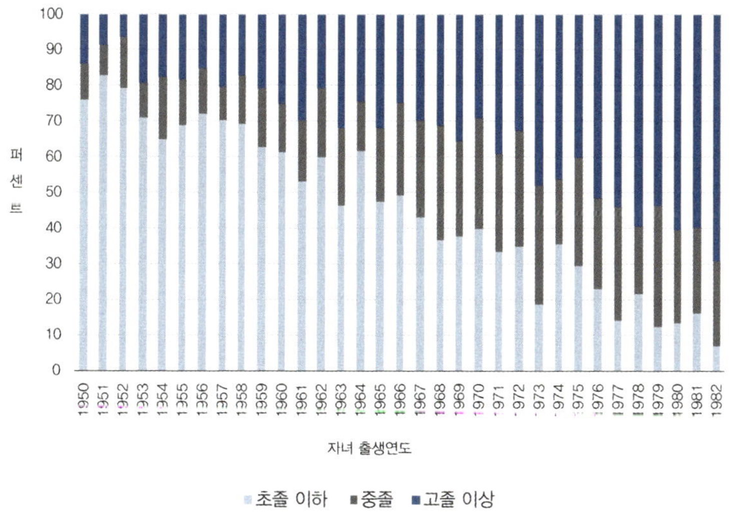

자료: 교육과 사회계층이동 조사.

그렇다면 아버지 학력이 자녀 학력에 미치는 영향은 출생연도별로 어떻게 달라졌을까? 먼저 교육 기회 확대와 상관없이 학력의 가치가 시간에 따라 변화하지 않는 것을 가정하는 학력의 절대적 가치 측면에서 교육 불평등 변화 추이를 살펴보자. [그림 3.3]은 아버지 학력이 자녀인 응답자 본인 학력에 미치는 영향의 크기를 출생연도와 성별에 따라 나누어 각각 제시한 것이다. [그림 3.3]에서 x축은 자녀의 출생연도를 의미하고, y축은 순서적 로지스틱 회귀 분석(ordered logistic regression)을 통해 산출한 회귀계수 값을 오즈비(odds ratio) 또는 승산비로 전환한 것이다([글상자 3.2] 참조). 오즈비는 아버지 학력이 자녀 학력에 미치는 영향의 크기를 의미하는 것으로, 1은 상급 학교 진학 확률에 있어 준거집단과 비교집단이 차이가 없음을 의미한다. 즉, 1은 아버지 학력이 자녀 학력에 별다른 영향을 미치지 않음을 의미한다. 오즈비가 1보다 큰 경우는 준거집단에 비해 비교집단의 상급 학교 진학 확률이 크다는 것으로, 이는 곧 아버지 학력이 자녀의 학력에 긍정적인 영향을 미친다는 것을 의미한다. 이와 반대로, 오즈비가 1보다 작은 경우는 준거집단에 비해 비교집단의 상급 학교 진학 확률이 작다는 것으로, 아버지 학력이 자녀 학력에 부정적인 영향을 미친다는 것을 의미한다.

글상자 3.2 순서적 로지스틱 회귀 분석

일반적으로 최소자승회귀모형(ordinary least squares [OLS] regression model)은 종속변수가 시험 점수나 소득과 같은 연속 변수일 때 사용된다면, 순서적 로지스틱 회귀 분석은 대학 서열과 같이 종속변수가 서열 변수(ordinal variable)일 때 사용된다. 여기에서는 자녀 학력을 고졸이하, 2년제 대졸, 4년제 대졸로 측정하였다.

예를 들어, 자녀가 남자일 경우, 1960년에 태어난 자녀의 상급 학교 진학 확률은 준거집단인 아버지 학력이 초졸 이하일 경우에 비해 비교

그림 3.3 절대적 가치 측면에서 출생연도별 아버지 학력이 자녀 학력에 미치는 영향

(A) 남성

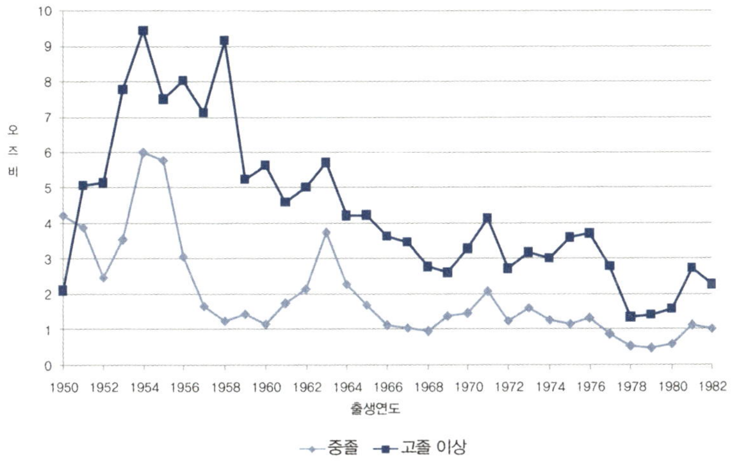

(B) 여성

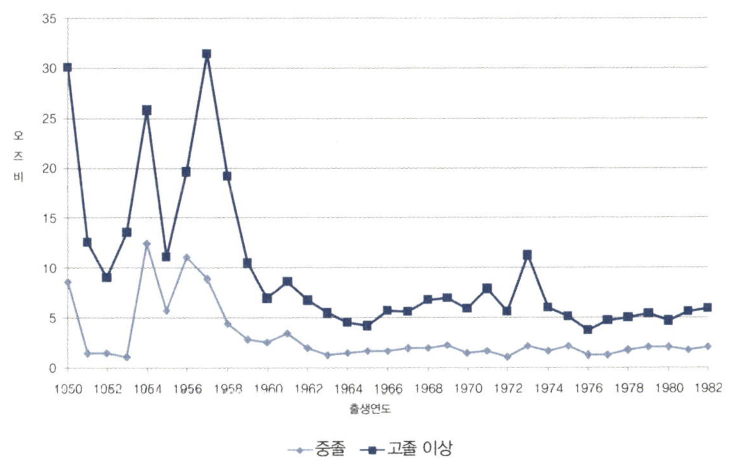

자료: 교육과 사회계층이동 조사.
주: 준거집단=초졸 이하

집단인 아버지 학력이 중졸 이하일 경우와 고졸 이상 경우가 각각 1.2배와 5.6배 높다는 것을 의미한다. 이러한 맥락에서 그림을 보면, 비록 출생 연도에 따라 등락은 있지만 전반적인 추이는 아버지 학력이 남자인 자녀의 상급 학교 진학에 미치는 영향이 시간이 지남에 따라 점차 감소하고 있음을 확인할 수 있다. 자녀가 여자일 경우, 1960년대 이전에는 아버지 학력이 자녀의 상급 학교 진학에 미치는 영향이 자녀가 남자일 때보다 훨씬 큰 것으로 보이나 일관성이 없었다. 1960년대 전후에는 아버지 학력이 자녀의 상급 학교 진학에 미치는 영향력이 크게 감소하였으며, 1960년 이후부터는 영향력의 크기가 비교적 일관되게 유지되고 있다.

2. 상대적 가치 측면에서의 교육 불평등 변화

앞서 언급한 바와 같이, 교육은 지위재로써의 특성을 가지므로 교육기회가 확대됨에 따라 교육의 상대적 가치는 변화한다.[11] 다시 말해, 교육팽창은 교육의 상대적 가치를 떨어뜨리기 때문에 부모 세대의 4년제 대학 졸업장과 자녀 세대의 4년제 대학 졸업장의 가치는 동일하다고 볼 수 없다. 그렇다면 지난 반세기 동안 학력의 상대적 가치는 어떻게 변화해왔을까? [그림 3.4]는 교육과 사회계층이동 조사와 2010년 인구총조사 마이크로데이터를 사용하여 1950년에서 1982년 사이에 출생한 남녀 응답자의 최종학력의 상대적 가치를 출생연도별로 나누어 각각 나타낸 것이다. 그림에서 x축은 출생연도를 의미하며, y축은 학력의 지위재적 지위 지표(positional status index, 이하 PSI)로, 같은 연도 출생자 가운데 특정 교육 수준에 도달하지 못한 사람의 비율을 특정 교육 수준에 도달한 사람의 비율로 나눈 오즈비이다([글상자 3.3] 참조). PSI 값이 1보다 클수록 해당 학력의 상대적 가치가 높고, 1보다 작으면 해당 학력의 상대적 가치가 낮은 것으로 해석할 수 있다.

글상자 3.3 PSI

PSI는 아래의 오즈비로 나타낼 수 있다.[12)]

$$\mathrm{PSI}_k = \frac{P_k}{1-P_k} = \frac{1-Q_k}{Q_k}$$

이때 k는 해당 수준을 의미하며, Pk는 k 수준까지 도달하지 못한 사람들의 비율, Qk는 k 수준 이상까지 도달한 사람들의 비율이다. 관심 변수가 이산분포(discrete distribution)를 따를 때, PSI는 아래의 식으로 나타낼 수 있다.[13)]

$$\mathrm{PSI}_k = \frac{1-Q_k^*}{Q_k^*}$$

이때 Q_k^*는 Q_k - (q_k/2)를 의미하는 것으로, q_k는 k 수준까지만 도달한 사람들의 비율을 의미한다. 예를 들어, 1950년 출생자들의 최종 학력의 분포가 초졸 40%, 중졸 30%, 고졸 20%, 대졸 10%를 이룬다면, 초졸의 PSI는 (40/2)/[(40/2)+30+20+10]=0.3, 중졸의 PSI는 [40+(30/2)]/[(30/2)+20+10]=1.2, 고졸의 PSI는 [40+30+(20/2)]/[(20/2)+10]=4.0, 대졸의 PSI는 [40+30+20+(10/2)]/(10/2)=19로 각각 산출된다. 같은 원리로, 1980년 출생자들의 최종학력의 분포가 초졸 10%, 중졸 20%, 고졸, 30%, 대졸 40%를 이룬다면, 초졸의 PSI는 (10/2)/[(10/2)+20+30+40]=.05, 중졸의 PSI는 [10+(20/2)]/[(20/2)+30+40]=.25, 고졸의 PSI는 [10+20+(30/2)]/[(30/2)+40]=.82, 대졸의 PSI는 [10+20+30+(40/2)]/(40/20)=4.0으로 각각 산출된다. 이와 같이 PSI는 전체 인구의 학력 분포에서 해당 학력이 가지는 상대적 가치를 나타낸다.

이를 [그림 3.4]에 적용해 보면, 4년제 대학 교육 기회가 적었던 1950년생 세대에게 4년제 대학의 가치는 매우 높았음을 알 수 있다. 특히 1950년생 여성들의 4년제 대학 교육 기회는 남성에 비해 훨씬 적었기 때문에, 여성들 사이에서 4년제 대학의 상대적 가치가 남성들 사이에서보다 훨씬 높다. 그러나 이후 남녀 모두에게 4년제 대학 교육 기회가 급속히 확대되면서 4년제 대학의 가치는 급감한다. 4년제 대학 교육 기회의 팽창이 주춤한 1965년생 이후에는 4년제 대학의 가치가 여전히 감소하기는 하지만 그 추세가 다소 완만하게 나타난다.

아버지 세대의 학력의 상대적 가치는 어떻게 변해왔을까? [그림 3.5]는 1950년과 1982년 사이 출생연도에 따라 응답자의 아버지 학력의 상대적 지위를 보여준다. 1950년대 초반 출생자와 1975년 이후 출생자들의 수치를 비교해보면, 1950년 초반 출생자들의 아버지 세대에서 대학 졸업장의 상대적 가치가 훨씬 높다는 것을 알 수 있다. 이것은 1950년대에 태어난 세대의 아버지 세대에서 대학 교육의 기회가 훨씬 적었기 때문이다. 그러나 아버지 세대에서도 교육 기회의 확대가 꾸준히 이루어져왔기 때문에 대학 교육의 상대적 가치는 점차 감소해왔음을 알 수 있다.

그림 3.4 출생연도별 응답자 본인 학력의 상대적 가치

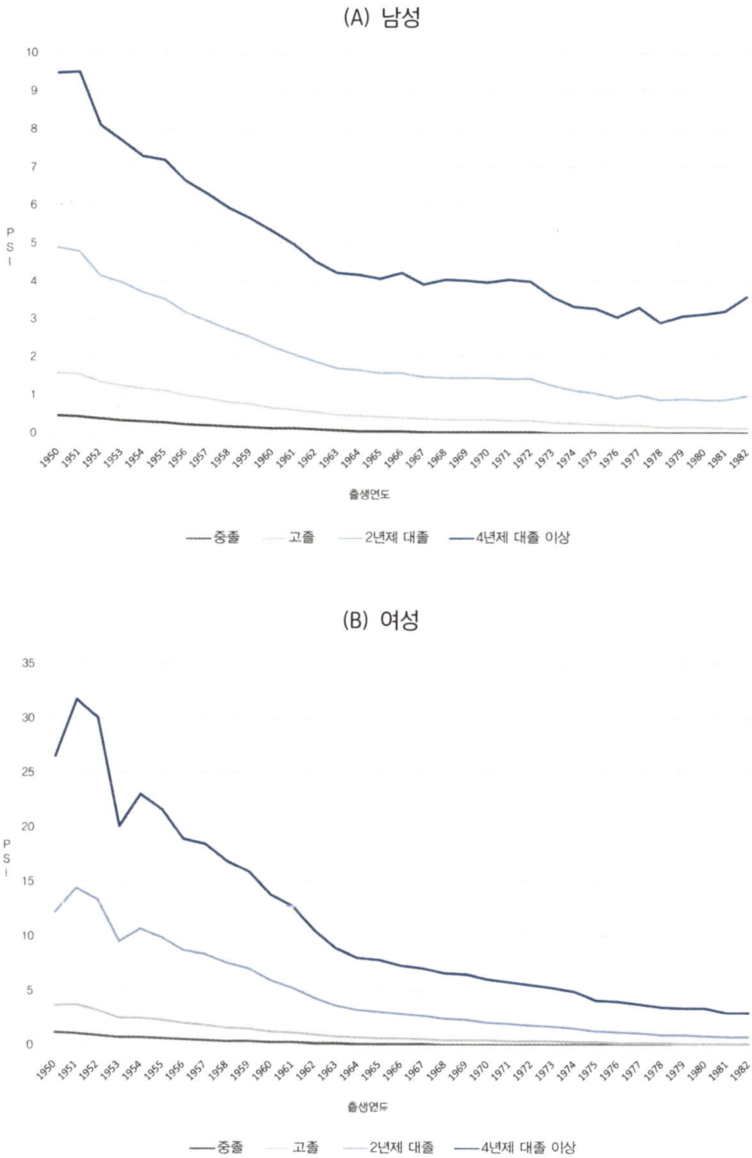

자료: 교육과 사회계층이동 조사, 2010년 인구총조사 마이크로데이터.
주: PSI = Positional Status Index

그림 3.5 자녀 출생연도별 아버지 학력의 상대적 가치

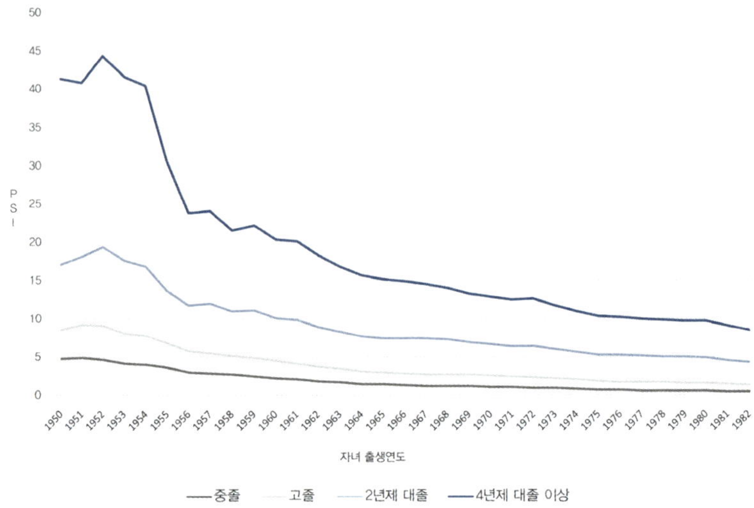

자료: 교육과 사회계층이동 조사, 2010년 인구총조사 마이크로데이터.
주: PSI=Positional Status Index

그렇다면 상대적 가치 측면에서 아버지 학력이 자녀 학력에 미치는 영향은 출생연도별로 어떻게 달라졌을까? [그림 3.6]은 교육과 사회계층이동 조사 연구와 2010년 인구총조사 마이크로데이터를 사용하여 상대적 가치 측면에서 아버지 학력이 자녀 학력에 미치는 영향의 크기를 출생연도와 성별에 따라 구분하여 제시한 것이다. 출생연도는 1년과 3년 단위로 나누어 분석하였다. [그림 3.6]에서 x축은 출생연도를 의미하며, y축은 구간회귀모형(interval regression model)을 통해 산출한 회귀계수의 값을 오즈비로 전환한 것으로([글상자 3.4] 참조), 앞서 설명한 것처럼, 오즈비가 1일 경우 아버지 학력이 자녀 학력에 별다른 영향을 미치지 않음을 의미한다. 오즈비가 1보다 큰 값은 아버지 학력이 자녀의 학력에 긍정적인 영향을 미친다는 것을 의미한다. 이와 반대로, 오즈비가 1보다 작은 값은 아버지 학력이 자녀 학력에 부정적인 영향을 미친다는 것을 의미한다.

글상자 3.4 구간회귀모형

구간회귀모형은 종속변수가 구간으로 표현되어 측정된 변수일 때 사용된다. 예를 들어, 예상 결혼 연령을 묻는 질문에 대한 응답이 25세 미만, 25세 이상 30세 미만, 30세 이상 35세 미만, 35세 이상 등의 구간으로 측정되었을 경우, 이를 종속변수로 사용하기 위해서는 구간회귀모형을 사용해야 한다. 분석에 사용한 PSI 값은 해당 학력을 기준으로 상향(upper) 또는 하향(lower) 구간을 측정하였다. 예를 들어, 1950년 출생자들의 최종학력 분포가 중졸 43%, 고졸 36%, 대졸 21%일 경우, 고졸의 하향 PSI는 43/(100-43)=.77이 되고, 상향 PSI는 (43+36)/(100-79)=3.85가 된다. 같은 원리로, 1980년 출생자들의 최종학력 분포가 중졸 3%, 고졸 23%, 대졸 74%일 경우, 고졸의 하향 PSI는 3/(100-3)=.03이 되고, 상향 PSI는 (3+23)/(100-26)=.34가 된다.

이러한 맥락에서 남성에 대한 결과를 먼저 살펴보면, 모든 출생연도에서 오즈비가 1보다 크게 나타났다. 이는 자녀의 출생연도에 관계없이 아버지 학력이 자녀 학력에 긍정적인 영향을 미치고 있음을 의미한다. 다만 그 영향력의 추이는 1967년을 기점으로 다소 감소하긴 하였으나 큰 변화는 없었다. 여성의 경우, 남성의 경우와 마찬가지로 출생연도와 상관없이 아버지 학력이 자녀 학력에 긍정적인 영향을 미치는 것으로 나타났다. 그러나 영향력 추이면에서는 1956년 이후로 감소하는 추세를 보이다 1968년 이후에는 다시 증가하는 경향이 있었다. 그리고 1974년 이후 다시 감소하다 최근에 다시 증가하는 경향이 있다. 요컨대, 여성의 경우 아버지 학력이 자녀 학력에 미치는 영향이 지속적으로 증가하거나 또는 지속적으로 감소하는 식의 일관성 있는 추세를 보이지 않았다.

그림 3.6 상대적 가치 측면에서 출생연도별 아버지 학력이 자녀 학력에 미치는 영향

(A) 남성

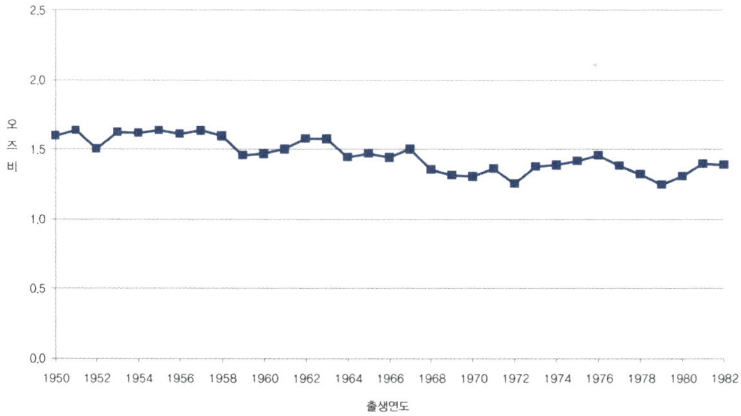

(B) 여성

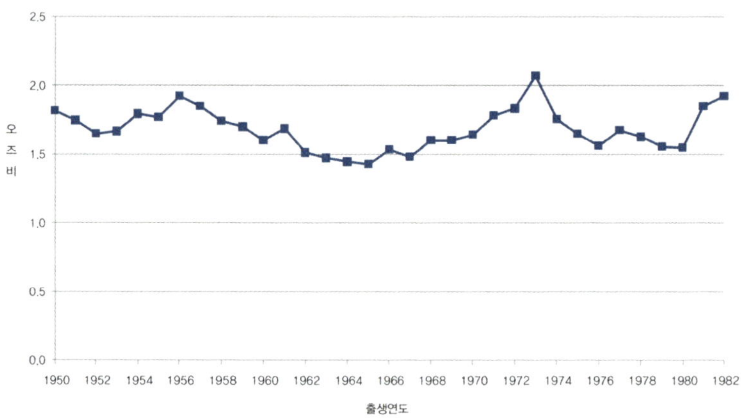

자료: 교육과 사회계층이동 조사, 2010년 인구총조사 마이크로데이터.

3. 소결론

3장에서는 교육과 사회계층이동 조사와 2010년 인구총조사 마이크로데이터를 활용하여 아버지 학력이 자녀의 학력에 미치는 영향이 자녀의 출생연도에 따라 어떻게 변화해 왔는지를 살펴보았다. 그 결과 교육(학력)을 절대적 가치로 보느냐 상대적인 가치로 보느냐에 따라 아버지 학력이 자녀의 학력에 미치는 영향은 다소 다른 추이를 보였다. 절대적 가치 측면에서는 남성의 경우 아버지 학력이 자녀 학력에 긍정적인 영향을 미치고, 그 영향은 최근으로 올수록 감소하는 추세를 보였다. 여성의 경우도 아버지 학력이 자녀 학력에 긍정적인 영향을 미치는 것으로 나타났다. 그러나 그 영향력의 크기는 1960년 이후로 뚜렷한 변화를 보이지 않았다. 한편, 상대적 가치 측면에서도 남녀 모두 아버지 학력이 자녀 학력에 긍정적인 영향을 미치는 것으로 나타났다. 그러나 그 영향의 크기가 시간이 지남에 따라 지속적으로 증가하거나 감소하는 식의 일관된 추세를 보이지는 않았다. 이는 한국 사회에서 교육 불평등은 존재하지만, 그것이 최근으로 올수록 특히 심화되었다는 뚜렷한 증거는 없음을 보여준다. 이러한 연구 결과는 한국사회에서 교육 불평등이 심화되거나 완화되기보다 지속되고 있음을 보고한 몇몇 선행 연구와 궤를 같이 한다.[14]

다만 3장은 1982년 이후 출생 코호트에 대한 분석은 포함하지 않고 있기 때문에 연구결과 해석에 각별한 주의가 필요하다.[15] 특히 최근 회자되고 있는 흙수저나 금수저의 비유[16]가 오늘날 젊은 세대들이 인식하는 교육 불평등의 현실임을 고려하면, 최근에 수행된 최성수와 이수빈(2018)의 연구결과에 주목할 필요가 있다. 이들은 2018년을 기준으로 사용가능한 8개의 대표성 있는 조사 자료를 사용하여 1940년 이전 출생자들부터 1990년 출생자까지를 모두 분석에 포함하였다. 그리고 대졸 학력을 하나의 범주로 보지 않고 그 안에 내재된 질적 차이를 고려하여 2년제 대졸, 4년제 대졸, 상위권 대학 졸업 여부 등으로 구분하여 교육 불평등 양상을 분석하였다. 그 결과 2년제 대졸을 포함한 대졸 확률에 있어 부모 학력에 따른 격차는 1960년대 코호트에서 최대로 벌어지고 이후에 빠르게 감소하였다. 4년제 대졸 확률에 있어 부모 학력에 따른 격차는 1970년도 출생 코호트까지 증가하다 1980년도 출생자들에게서는 정체 또는 감소하기 시작했다. 마지막으로, 상위권 대학 졸업 확률에 있어 부모 학력에 따른 격차는 1950~60년도 출생자들에 비해 이후 출생 코호트에서 완만하지만 의미 있게 증가하는 양상을 보였다. 이들의 결과는 한국사회의 교육 불평등이 최근에 올수록 고졸 여부에서 전문대졸 이상으로, 다시 4년제 대졸 여부로, 그리고 상위권 대졸 여부로 점차 이동하고 있음을 시사한다. 이는 한국 사회의 교육 불평등이 양적 차원에서 질적 차원으로 변화함을 보여주는 중요한 증거이다. 따라서 4장에서는 부모의 사회경제적 지위가 자녀의 학업성취에 미치는 영향이 2000년 이후 어떻게 변화하였는지를 살펴봄으로써 질적 차원의 교육 불평등 변화 추이에 대해 좀 더 자세히 알아본다.

CHAPTER

04

부모의 사회경제적 지위가 자녀의 학업성취에 미치는 영향 변화: 2000~2018

CHAPTER 04

부모의 사회경제적 지위가 자녀의 학업성취에 미치는 영향 변화: 2000~2018

CHAPTER 04

부모의 사회경제적 지위가 자녀의 학업성취에 미치는 영향 변화: 2000~2018[1)]

3장에서는 1950년에서 1982년까지의 출생자를 대상으로 아버지 학력이 자녀 학력에 미치는 영향이 연도별로 어떻게 변화해 왔는지 살펴보았다. 그리고 이를 통해 학력으로 대표되는 교육성취 측면에서 지난 반세기 동안 한국사회에서 교육 불평등이 어떻게 변화되어 왔는지 알아보았다. 그 결과, 학력의 절대적 가치와 상대적 가치 측면 모두에서 계층 간 교육성취의 불평등이 심화되었다는 뚜렷한 증거는 발견되지 않았다. 이러한 결과는 최근 들어 교육 불평등이 심화되고 있다는 많은 사람들의 현실 인식과 다소 괴리가 있다.

그러나 아버지 학력과 자녀 학력 간의 연관성이 크게 변하지 않았다는 추이만으로 한국사회에서 교육 불평등이 심화되지 않았다고 결론내리기에는 다소 무리가 있다. 이는 1장에서 살펴본 EMI 가설처럼 양적 차원에서 상급학교 진학 기회가 평등하게 주어진다고 하더라도 상위계층들은 교육의 질적 차별화를 통해 여전히 우위를 점할 수 있기 때문이다. 예를 들어, 오늘날에는 고등학교 교육이 보편화되어 사회 계층에 상관없이 거의 모든 학생들이 고등학교에 진학하고 있지만, 부모의 사회경제적 지위가 높은 자녀들은 특목고와 같은 이른바 '엘리트 학교'로의 진학을 통해 대학 진학에 있어 더 유리한 고지를 점할 수 있다.

실제로 특목고에 진학한 학생들의 경우 부모의 사회경제적 지위가 다른 유형의 고등학교에 진학한 학생들의 경우에 비해 월등히 높다. [그림 4.1]은 변수용과 주영효(2012)가 서울교육종단연구 자료([글상자 4.1] 참조)를 사용하여 2010년 당시 서울의 일반고, 자사고, 특목고에 재학 중인 1학년 학생들의 부모 교육수준 분포를 나타낸 것이다. 그림에서 보듯, 특목고 학생들의 경우 부모 교육수준이 석·박사 이상인 비율이 약 39%에 달한 반면, 자사고와 일반고 학생들의 경우 그 비율이 각각 약 20%와 12%였다. 그리고 그림에 제시하지 않았으나 특목고에 진학한 학생들의 가구주 직업은 고위 전문직 또는 행정 관리직이 무려 65%를 차지하고 있으며, 자사고와 일반고 학생의 경우 그 비율이 39%와 33%였다.

글상자 4.1 서울교육종단연구

서울교육종단연구는 서울시 교육청 주관으로, 2010년을 기준으로 초등학교 4학년, 중학교 1학년, 일반계 고등학교 1학년 학생을 대표성 있게 각각 추출하여 장기간 추적 조사한 자료이다. 이 조사는 1단계에서 학교급을 고려하여 서울특별시 전체 학교의 약 20%를 추출하고, 2단계에서는 학교별 남녀 학생비율을 고려하여 2개 학급을 무작위 추출하는 층화2단계집락추출을 통해 이루어졌다. 일반계 고등학교의 경우, 일반고와 자사고, 그리고 특목고의 세 가지 유형으로 구분하여 표본설계를 실시하였다. 이 중 일반고와 자사고는 서울특별시의 11개 지역교육지원청을 5개 지역군(강남/강동, 강서/서부, 동부/성동/중부, 남부/동작,

북부/성북)으로 통합하여 '층'으로 사용하였다. 그러나 자사고의 경우 모집단의 크기와 정책적 시사성을 고려하여 과대표집하였고, 특목고의 경우 전수 표집하였다. 구체적으로, 일반고는 전체 모집단 198개교 가운데 30%에 해당하는 60개교를, 자사고는 전체 모집단 21개교 가운데 60%에 해당하는 13개교를, 특목고는 서울특별시 소재 15개 특목고 가운데 예술고와 체육고를 제외한 10개교를 각각 표집하였다. 그리고 이들 83개교의 학생 5,240명을 대상으로 조사가 이루어졌다.[2]

그림 4.1 서울시 고등학교 유형에 따른 학생 부모의 학력 분포

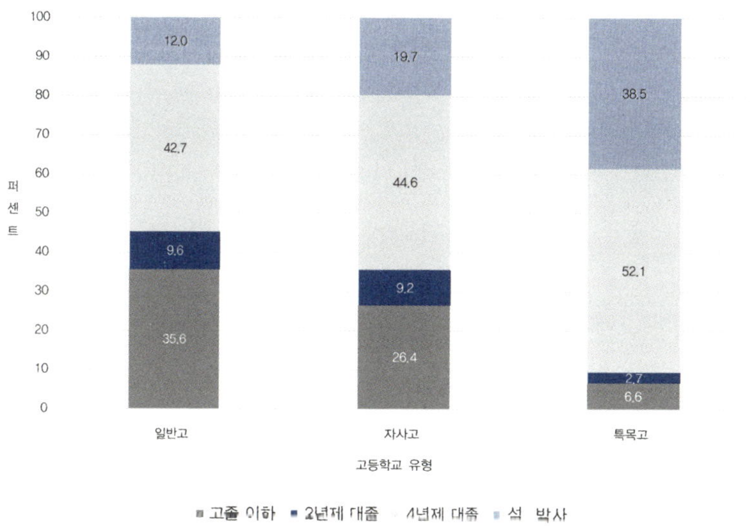

자료: 서울교육종단연구 고1 코호트.
출처: 변수용 · 주영효, 2012, p. 15, [표 1].

또한 외고와 같은 특목고 졸업자는 일반고 졸업자에 비해 위세가 높은 대학으로 진학할 가능성이 크다. [그림 4.2]는 변수용, 황여정, 그리고 김경근(2012)이 한국교육고용패널 자료([글상자 4.2] 참조)를 사용하여 2007년 당시 고3 학생들의 졸업 직후 고등교육기관 진학 결과를 분

석한 것을 출신 학교별로 제시한 것이다. 그림에서 보듯, 일반고 졸업생 가운데 1－10위권 4년제 대학에 진학한 학생의 비율이 2.5%인 반면, 외고 졸업생의 경우는 23.6%로 약 9배 정도 높았다. 이와는 대조적으로, 2년제 대학에는 일반고 졸업생의 경우 19.5%가 진학하였으나, 외고 졸업생은 그 비율이 1% 미만에 그쳤다. 미진학으로 분류된 비율은 외고 졸업생의 경우 32.1%로 일반고 졸업생의 13.3%보다 훨씬 높았으나, 이들 가운데 상당수가 그 이듬해인 2009년에 위세가 높은 4년제 대학에 진학했다.[3)]

글상자 4.2 한국교육고용패널조사

한국교육고용패널조사는 한국직업능력개발원 주관으로, 2004년에 전국의 중학교 3학년, 일반계 고등학교 3학년, 실업계 고등학교 3학년 학생을 대표성 있게 각각 2,000명씩 추출하여 매년 이들을 대상으로 조사하는 연구이다. 2007년 4차년도 조사에서는 중학교 3학년 코호트를 대상으로 외고를 포함한 특목고 학생 600명을 추가로 표집한 바 있다.

그림 4.2 출신 고교 유형에 따른 2007년 고3 학생들의 졸업 후 고등교육기관 진학 결과

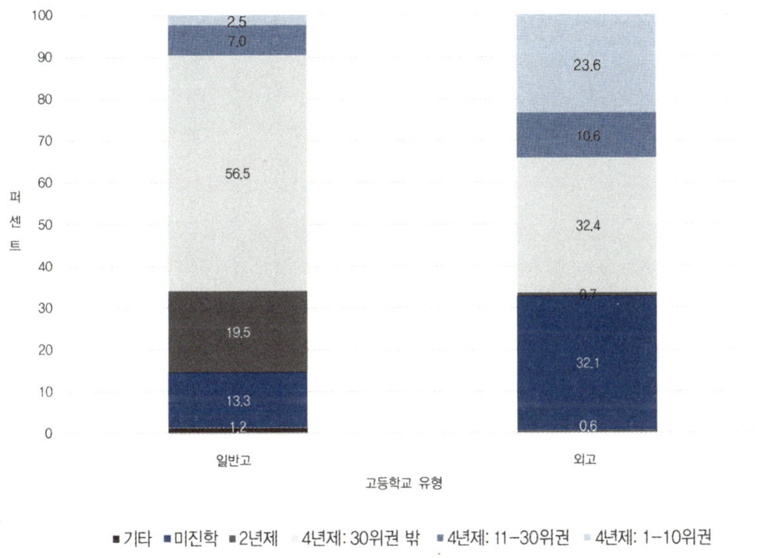

자료: 한국교육고용패널 2004 중3 코호트.
출처: 변수용 · 황여정 · 김경근, 2012, p. 142, [표 1].
주: 4년제 대학 위세는 중앙일보 대학 평가 2004-2007 순위: 포항공대, KAIST, 서울대, 고려대, 연세대, 성균관대, 한양대, 서강대, 이화여대, 경희대(10위), 인하대, 중앙대, 부산대, 한국외대, 경북대, 아주대, 가톨릭대, 서울시립대, 한림대, 울산대(20위), 전남대, 숙명여대, 건국대, 충남대, 인제대, 한국기술교육대, 세종대, 한동대, 동국대, 홍익대(30위)

이와 같이 부모의 사회경제적 지위는 고등학교 진학에서의 차이를 통해 대학 진학에 영향을 미치기도 하지만, 한편으로는 대학 진학에 직접 영향을 미치기도 한다. 즉, 질적 측면의 교육 불평등은 고등학교 진학뿐 아니라 대학 진학 단계에서도 나타난다. 한국사회에서 대학은 크게 2년제 대학과 4년제 대학으로 구분되는 한편, 4년제 대학은 지방사립대, 지방거점국공립대, 또는 이른바 '인서울(in-Seoul)대' 혹은 'SKY대학' 등으로 분류되어 인식되는데, 사회경제적 배경이 좋은 자녀

그림 4.3 부모 학력에 따른 2004년 일반계 고3 학생들의 졸업 후 고등교육 기관 진학 결과

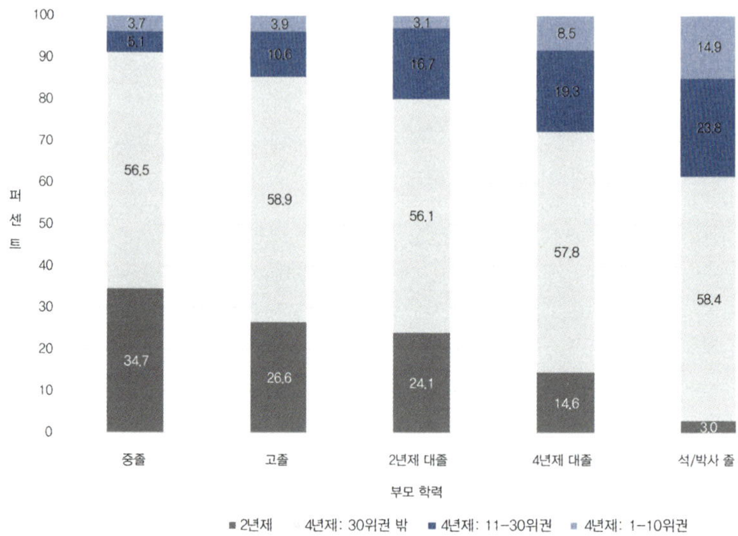

자료: 한국교육고용패널 2004 고 3 코호트.
출처: 변수용 · 김경근, 2010, p. 88, [표 3].
주: 4년제 대학 위세는 중앙일보 대학 평가 2004－2007 순위: 포항공대, KAIST, 서울대, 고려대, 연세대, 성균관대, 한양대, 서강대, 이화여대, 경희대(10위), 인하대, 중앙대, 부산대, 한국외대, 경북대, 아주대, 가톨릭대, 서울시립대, 한림대, 울산대(20위), 전남대, 숙명여대, 건국대, 충남대, 인제대, 한국기술교육대, 세종대, 한동대, 동국대, 홍익대(30위)

들은 위세가 높은 4년제 대학에 진학할 가능성이 크다. 이와 관련하여 변수용과 김경근(2008)은 한국교육고용패널 자료를 사용하여 2004년 당시 대학에 진학한 일반계 고3 학생들의 고등교육기관 진학 결과를 분석하였다. 그 결과, [그림 4.3]에서 보듯, 졸업 후 대학에 진학한 고3 학생들 가운데 부모 학력이 중졸 이하인 자녀의 경우 65.3%가 4년제 대학으로 진학한 반면, 부모 학력이 석사 이상인 자녀의 경우 무려 97.1%가 4년제 대학으로 진학하였다. 한편 부모 학력이 종졸 이하인 자녀의 경우 3.7%만이 1~10위권 대학으로 진학한 반면, 부모 학력이

석사 이상인 학생의 경우 14.9%가 1~10위권 대학에 진학한 것으로 나타났다. 이처럼 부모의 교육수준이 상대적으로 높은 학생일수록 위세가 높은 대학에 진학하는 비율이 높다.

다른 많은 연구들도 한국사회에서 계층 간 교육 불평등이 고등학교 진학 단계에서는 특성화고, 일반고, 자사고, 특목고를 중심으로,[4] 대학 진학 단계에서는 2년제와 4년제 대학을 중심으로,[5] 그리고 4년제 대학 중에서는 명문대학과 여타대학들의 구분을 통해 점차 구조화되고 있음을 보여준다.[6] 더 나아가 최근에 수행된 연구들은 고등학교 진학 이전 단계인 중학교, 초등학교, 심지어 취학전 교육에 있어서도 국제중학교, 사립초등학교, 영어유치원 등과 같이 새로운 유형의 교육기관을 중심으로 계층 간 교육 불평등이 발생하고 있음을 보여주고 있다.[7] 이러한 맥락에서 한국사회의 교육 불평등을 논의할 때 중요하게 살펴보아야 할 것이 학교 유형에 따른 계층 간 교육 불평등이다.

그러나 양적 차원에서 교육 불평등을 살펴보는 것과 달리 질적 차원, 즉 학교 유형에 따른 계층 간 교육 불평등 정도를 출생 코호트별로 비교하는 것은 쉽지 않다. 그 이유는 첫째, 기존에 구축된 많은 자료들은 대부분 최종학력에 대한 정보만을 포함할 뿐, 같은 교육단계에서 출신학교와 관련된 정보는 포함하지 않는 경우가 많기 때문이다. 둘째, 교육제도의 변화로 과거에는 존재했던 학교 유형이 사라지거나 새로운 유형으로 편입되기도 하고, 또는 새로운 학교 유형이 생겨나기도 하기 때문이다. 또 같은 학교임에도 불구하고 정책에 따라 그 위상이 변화하기도 한다. 1974년 고교 평준화 정책 시행 이전의 경기고와 같은 명문 고등학교나, 1990년대 이후에 설립된 외고나 자사고가 대표적인 예이다.

이러한 이유 때문에 질적 차원의 교육 불평등을 논의하기 위해서는 학교 유형에 대한 정보를 대신할 수 있는 대안적인 방법이 필요하다. 그 중 하나가 학업성취(academic achievement) 자료를 이용하여 질적 차원의 교육 불평등 양상을 살펴보는 것이다. 그 이유는 한국사회에서 시험 성적과 같은 학업성취가 상급학교 진학에 매우 중요한 역할을 하기 때문이다.[8] 구체적으로, 부모의 사회경제적 지위가 자녀의 학업성취에 미치는 영향력이 시간에 따라 어떻게 변화되어 왔는지를 분석함으로써 교육 불평등의 변화 양상을 살펴볼 수 있다.[9] 만약 자녀의 학업성취가 부모의 사회경제적 지위와 같은 개인의 귀속적인 특성에 의해 결정된다면, 그 사회는 교육기회가 불평등하게 분포된 것으로 간주될 수 있다. 반대로, 학업성취가 부모의 사회경제적 지위와 같은 개인의 귀속적인 특성에 영향을 받지 않고 전적으로 자신의 노력과 능력에 의해 결정된다면, 그 사회는 교육기회가 공평하게 분포된 것이라 여겨질 수 있다.[10]

국내에서 수행된 여러 연구들은 한국사회에서 부모의 교육수준이나 직업적 위세, 가구소득 등으로 측정된 부모의 사회경제적 지위가 자녀의 학업성취에 유의미한 영향을 미치고 있음을 보여준다.[11] 그러나 이들 연구의 대부분은 특정한 한 시점만을 살펴보고 있어서 부모의 사회경제적 지위가 자녀의 학업성취에 미치는 영향이 시간에 따라 어떻게 변해왔는지에 대해서는 알 수 없다. 최근 일부 연구들은 이러한 문제점을 극복하기 위하여 여러 시점의 학업성취 자료를 함께 분석하고 있다. 예를 들어, 변수용과 김경근(2011)은 중학교 2학년 학생 표본을 대상으로 수집된 '수학·과학성취도 추이 변화 국제 비교 연구(Trends in International Mathematics and Science Study Trends, 이하 TIMSS)' 1999, 2003, 2007 자료를 사용하여 부모의 사회경제적 지위가 자녀의 수학학업성취에 미치는 영향이 1999년 코호트에 비해 2007년 코호트에서 더 크게 나타나고 있음을 보여주었다.[12] 또한 PISA 2000과 2009 자료를 사용한 장상수(2016)도 학업성취 측면에서의 계층 간 교육 불평등이 최근 코호트에서 더욱 심화되었음을 보여주었다.

그러나 변수용과 김경근(2011)이 사용한 TIMSS 자료는 부모의 교육

수준과 도서 및 기타 교육자원 보유수준에 대한 정보만을 포함하고 있어서 부모의 사회경제적 지위를 측정하는 데에 한계가 있다. 장상수(2016)의 연구도 2009년 이후 질적 차원의 교육 불평등의 변화 추이에 대해서는 살펴보지 못했다. 따라서 이 장에서는 2000년부터 매년 3년 주기로 시행되고 있는 PISA 2000~2018년 자료를 이용하여 부모의 사회경제적 지위가 자녀의 학업성취에 미치는 영향의 변화 추이를 분석하였다. 이를 통해 최근 20여 년간 한국사회에서 질적 측면에서의 교육 불평등이 심화되었는지, 아니면 약화되었는지에 대한 물음에 답하고자 한다.

글상자 4.3 TIMSS vs. PISA

TIMSS는 국제교육성취도평가협회(International Association for the Evaluation of Educational Achievement, 이하 IEA) 주관하에, 참여 국가를 대표하는 4학년 및 8학년(한국의 중학교 2학년) 학생 표본을 대상으로 수학과 과학 성취도를 1995년부터 매 4년마다 평가하는 조사이다. PISA는 경제협력개발기구(Organization for Economic Co-operation and Development, 이하 OECD) 주관하에, 참여국을 대표하는 만 15세 학생 표본을 대상으로 읽기, 수학, 과학 문해 능력을 2000년부터 매 3년마다 평가하는 조사이다. TIMSS는 학교에서 배운 수학과 과학 내용을 평가하는 데 초점을 두는 반면, PISA는 학교에서 배운 읽기, 수학, 과학 내용을 실생활에 적용하는 능력을 평가하는 데 초점을 둔다. TIMSS와 PISA 모두 종단연구는 아니지만 각 평가주기마다 공통문항을 포함하고 있어서 코호트별 학업성취의 변화 추이를 살펴볼 수 있다.

1. 부모의 사회경제적 지위가 자녀의 학업성취에 미치는 영향 변화

[그림 4.4]는 2000년(실선), 2009년(파선), 2018년(점선) PISA에 각각 참여한 만 15세 학생들 대상으로 분석한 회귀분석모형([글상자 4.4] 참조)의 추정치를 토대로 부모의 사회경제적 지위가 자녀의 읽기 성취에 미치는 영향을 비교하여 나타낸 것이다(읽기에 대한 다른 연도 결과와 수학, 과학에 대한 결과는 부록 [표 4.1] 참조). 그림에서 x축은 부모의 사회경제적 지위를 의미하는 것으로, 0보다 큰 수는 부모의 사회경제적 지위가 평균보다 높음을 의미하며, 0보다 작은 수는 부모의 사회경제적 지위가 평균보다 낮다는 것을 의미한다. 그림에서 y축은 부모의 사회경제적 지위에 따라 예측된 읽기 점수를 의미하며, 따라서 각 코호트에서 부모의 사회경제적 지위가 비슷할 때 학생들이 취득한 읽기 점수의 평균을 의미한다. 그래프의 상단부로 올라갈수록 읽기 점수가 커지며, 기울기가 가파를수록 부모의 사회경제적 지위가 자녀의 읽기 점수에 미치는 영향이 커지는 것을 의미한다. 즉, 교육 불평등의 증가를 나타낸다.[13]

글상자 4.4 변수 측정과 분석 방법

부모의 사회경제적 지위는 부모의 교육수준과 직업지위, 가정의 부, 교육적 자원 및 문화적 자원을 고려한 합성 지수로, 각 코호트별로 평균을 0으로 하고 표준편차를 1로 만들어 표준화한 변수를 사용하였다. 읽기 점수는 PISA가 제공하는 측정유의값(plausible values)으로 측정된 것으로, OECD 평균을 500점으로, 표준편차를 100으로 하여 표준화한 값이다. 분석방법은 읽기 점수를 종속변수로, 부모의 사회경제적 지위(socioeconomic status, 이하 SES)를 독립변수로 한 최소자승회귀모형으로, 다음과 같은 수식으로 나타낼 수 있다.

$$y_i = a + b_1 SES_i + b_2 SES_i^2 + r_i$$

이때 y_i는 i번째 학생의 읽기점수를 의미하며, a는 절편, b_1은 SES의 회귀계수, b_2는 SES 제곱항의 회귀계수, r_i는 잔차(residuals)를 의미한다. SES의 제곱항을 포함한 것은 부모의 사회경제적 지위와 읽기점수 간의 비선형적 관계를 고려하기 위한 것이다. 따라서 부모의 사회경제적 지위가 자녀의 읽기점수에 미치는 총 효과는 b_1과 b_2의 합이다. 한편, 부모의 사회경제적 지위의 결측치의 경우 다중 대체법(multiple imputations)을 활용하여 분석사례수의 감소에 따른 추정치의 편의를 줄이고자 하였다.

[그림 4.4]에서 나타나듯이, 2009년과 2018년 코호트에 대한 기울기는 2000년 코호트에 대한 기울기에 비해 더 가파르다.[14] 특히 2000년과 2018년 코호트를 비교해 보면 부모의 사회경제적 지위가 0보다 작을 때와 0보다 클 때 두 코호트 간 기울기의 차이가 서로 다르다. 구체적으로, 부모의 사회경제적 지위가 평균보다 높은 경우, 2000년 코호트에 비해 2018년 코호트의 읽기 점수가 더 높다. 반면, 부모의 사회경제적 지위가 평균보다 낮은 경우, 2000년 코호트에 비해 2018년 코호트의 읽기 점수가 더 낮다. 이는 2000년에 비해 2018년에 상위계층 학생들의 학업성취는 더 높아진 반면, 하위계층 학생들의 학업성취는 더 낮아졌음을 의미한다. 즉, 최근 코호트로 올수록 계층 간 학업성취 격차가 심화되었음을 시사한다.

그림 4.4 부모의 사회경제적 지위가 자녀의 학업성취에 미치는 영향의 변화

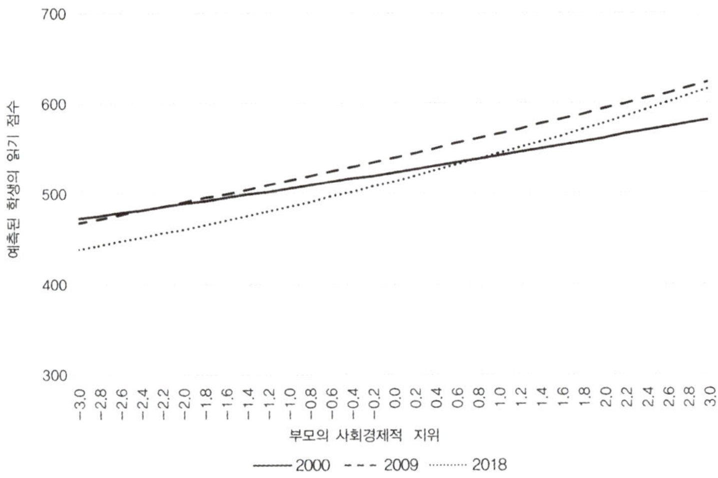

자료: PISA 2000, 2009, 2018.

이러한 계층 간 학업 성취 격차 증가에 대해 보다 쉽게 설명하기 위하여 [그림 4.5]에서는 표준화한 부모의 사회경제적 지표의 −2, 0, +2 표준편차에 해당하는 집단을 각각 빈곤층(하위 2.5%), 중간층(50%), 상위층(상위 2.5%)으로 구분하고, 이들 계층 자녀들의 (예측된) 평균 읽기 점수를 PISA 주기별로 제시하였다. 그림에서 보는 바와 같이, 2000년에 빈곤층과 상위층 자녀의 읽기 점수 차이는 73점이었으나, 2009년에는 103점으로 증가하였으며, 2018년에는 118점까지 벌어졌다. 특히 주목할 점은 빈곤층 자녀의 평균 읽기 점수가 2000년에는 489점이었으나, 2018점에는 460점으로 거의 30점 가량 하락하였다는 것이다. 상위층 자녀의 읽기 점수는 2000년 562점에서 2009년에 594점으로 상승하였으나 2018년에는 578점으로 다소 하락하였다. 이와 같이, 최근으로 올수록 특히 빈곤층의 학업성취가 큰 폭으로 떨어지고 있다. 이러한 경향성은 2000년과 2018년의 부모의 사회경제적 지위와 자녀의 읽기

원점수와의 연관성을 보여주는 [그림 4.6]에서도 확인할 수 있다. 그림에서 보듯, 부모의 사회경제적 지위가 낮은 자녀의 읽기 점수는 2000년에 비해 2018년에 훨씬 낮게 분포되어 있다. 평균 읽기 점수는 2000년 520점에서 2018년 514점으로 하락하였으며, 표준편차는 2000년 약 70에서 2018년 102로 크게 증가하였다.

그림 4.5 계층 간 읽기 점수 차이 변화

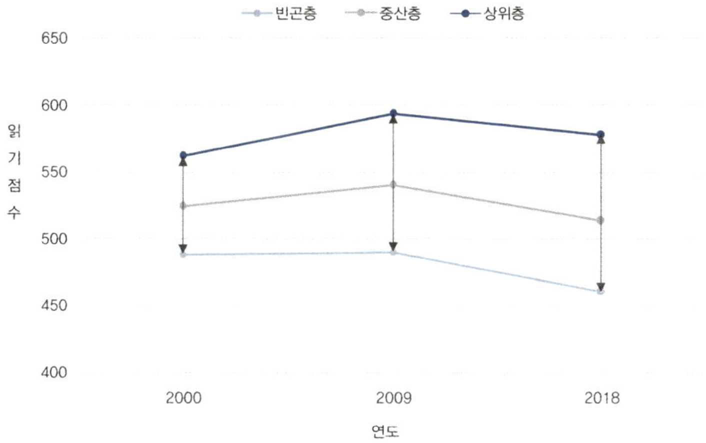

자료: PISA 2000, 2009, 2018.

그림 4.6 부모의 사회경제적 지위와 자녀의 읽기 점수와의 연관성

(A) 2000

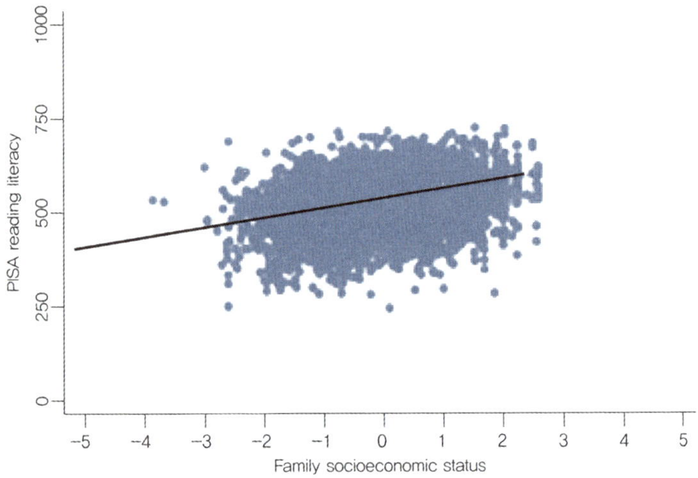

(B) 2018

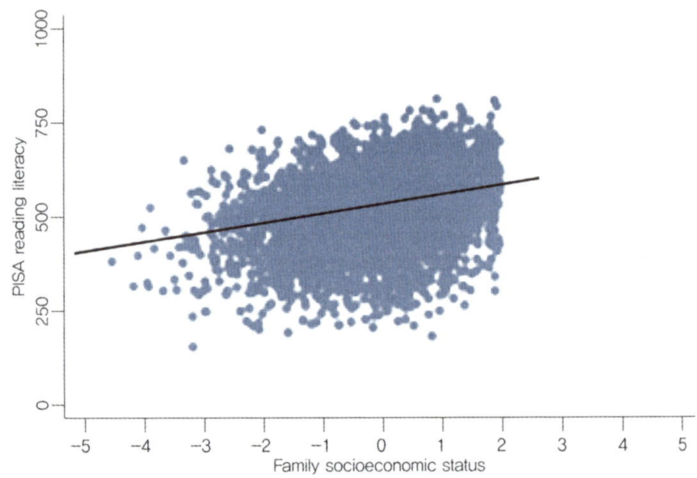

자료: PISA 2010, 2018.

그림 4.7 읽기 점수 누적 분포 변화

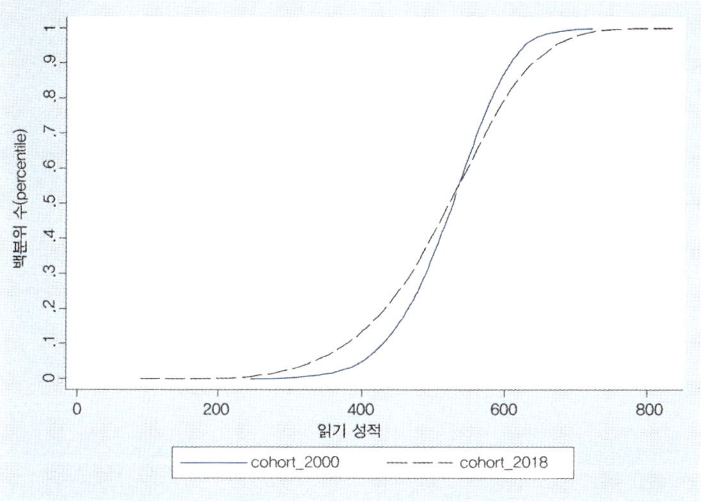

자료: PISA 2000, 2018.

부모의 사회경제적 지위와 자녀의 학업성취와의 밀접한 연관성을 고려할 때, 2000년과 2018년 사이 계층 간 학업성취 격차 심화 현상은 결국 공부를 잘 하는 학생은 더 잘하게 되었고, 공부를 못하는 학생들은 더 못하게 되었다는 것을 보여준다. 실지로, [그림 4.7]이 보여주듯 2000년(실선)과 2018년(점선) 사이 한국 학생들의 읽기점수의 누적 분포 변화를 보면, 그러한 경향성이 뚜렷하다. 구체적으로, 읽기점수 누적 분포의 90 백분위수에 해당하는 학생들의 점수는 2000년 607점이었으나, 2018년에는 639점으로 32점이 높아졌다. 이와는 반대로, 읽기점수 누적 분포의 10 백분위수에 해당하는 학생들의 점수는 2000년 428점이었으나, 2018년에는 379점으로 무려 50점이나 하락하였다. 결국 [그림 4.8]에서 보듯 한국 학생들의 평균 PISA 읽기점수는 2000년에서 2006년까지 상승 곡선을 그렸으나 이후 계속 하락 곡선을 그리게 되는데, 가난한 계층의 학생들과 학업성취가 낮은 학생들의 읽기 점수가 크게 하락하면서 전체 평균을 낮추는 결과를 가져온 것으로 보인다.

그림 4.8 한국 학생들의 PISA 평균 읽기 점수 변화

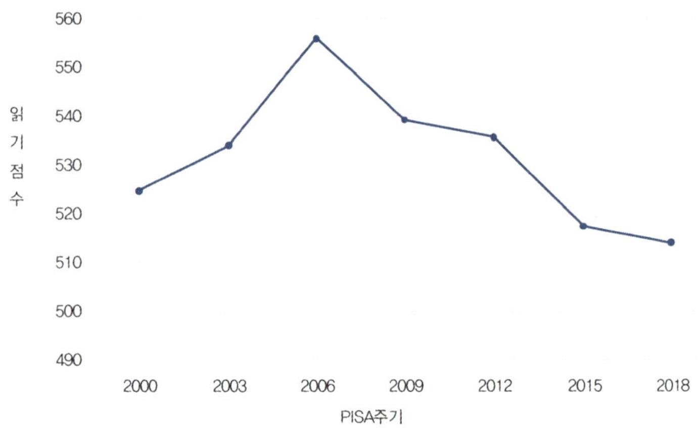

자료: PISA 2000, 2003, 2006, 2009, 2012, 2015, 2018.

2. 질적 측면에서의 교육 불평등 심화 요인

그렇다면 지난 20여 년간 한국사회에서 질적 측면에서의 교육 불평등이 증가한 이유는 무엇일까? 이 장에서는 그 이유에 대해 실증적으로 검증하지 않았으나, 선행연구를 토대로 다음과 같은 사회경제적, 인구학적, 교육 제도적 변화 요인들을 고려해 볼 수 있다.[15] 먼저 사회경제적 차원에서 1997년 외환 위기로 촉발된 한국사회의 소득 양극화 현상을 생각해 볼 수 있다. 구체적으로, 한 사회의 불평등 정도를 보여주는 대표적 지표인 지니계수(Gini coefficient)는 경상소득 기준 1996년 .28에서 2006년 .34로 악화되었다.[16] 소득 상위 10%와 하위 90%의 분위수 배율 역시 1996년 3.5에서 2006년 5.5로 악화되었다.[17] 이러한 소득 양극화는 특히 사교육과 같은 가정의 교육투자 수준의 격차로 이어져 교육 불평등을 심화시키는 요인으로 작용할 수 있다.[18] 다음으로 인구학적 차원의 변화로써, 이혼율 증가로 인한 한부모가정의 증가, 출

산율 감소, 다문화 가정의 증가를 생각해 볼 수 있다. 한국사회의 인구 천 명당 이혼율은 1991년 1.1%에서 1999년 2.5%로, 2003년에는 3.4%로 증가하였다.[19] 출산율의 경우 1970년에 4.5명에서 1989년 1.6명으로 크게 감소하였으며, 2007년에는 1.3명까지 떨어졌다.[20] 한편, 1997년에는 총 결혼건수의 약 3.2%가 국제결혼이었던 반면, 2007년에는 그 비율이 10% 이상으로 증가하였다.[21] 이러한 인구학적 변화 역시 가정배경의 차이를 심화시킴으로써 교육 불평등을 심화시키는 요인으로 작용할 수 있다.

다음으로 2장에서 살펴본 교육제도의 변화를 생각해 볼 수 있다. 과거 한국교육은 국가표준 교육과정에 기반한 교육평등정책에 초점을 두었다.[22] 가장 대표적인 사례로 1974년부터 시행된 고교평준화정책을 들 수 있다. 고교평준화정책은 1960년대 후반부터 1970년대 초기에 특히 심각했던 과도한 명문 고등학교 진학 경쟁과 그로 인한 여러 사회적 및 교육적 문제를 해결하기 위해 마련된 정책으로, 인문계 고등학교에 진학하려는 학생들을 추첨을 통해 거주지역의 학교에 배정하는 것을 골자로 한다. 고교평준화정책 시행 이전에는 거주지에 상관없이 학교를 선택할 수 있었는데, 이에 따라 일부 명문중학교나 고등학교가 성적이 우수한 학생들을 독점적으로 선발하였다. 대체로 사회경제적 수준이 높은 가정의 자녀들이 학업성취도 높았기 때문에, 결과적으로 명문 학교들과 나머지 학교들 간에 가정배경이나 학업성취 면에서 심각한 불평등이 발생하였다. 이 문제를 해결하기 위해 교육부는 1969년과 1974년에 각각 중학교와 고등학교 입학시험을 폐지하였고, 대신 추첨제를 통해 학생들을 배정했다. 뿐만 아니라, 정부에서는 학교 간 교육 불평등의 문제를 해결하고 가능한 모든 학교의 교육여건을 평등하게 만들기 위해 교육청 단위에서 교사들의 순환 근무를 실시했으며, 사립학교에 정부재정을 지원하였다. 고교평준화정책을 포함한 이러한 일련의 정책적 노력들은 중등교육의 기회를 확대하

고 교육 불평등을 완화하는 데 긍정적인 영향을 미친 것으로 평가되고 있다.[23)]

그러나 1990년대 중반 이후, 세계화된 시장에서 국가 경쟁력을 높이기 위해 교육에서의 수월성을 강화해야 한다는 논의가 시작되었고, 이에 따라 교육정책의 기조는 평등주의적 접근법에서 시장원리를 강조하는 신자유주의적 접근법으로 변화하게 되었다. 그런 가운데 특히 고교평준화정책은 교육의 수월성을 저해하는 대표적인 규제 정책으로 집중포화를 맞게 되고,[24)] 이후 고교평준화정책에 대한 다양한 수정정책이 마련되었다. 예를 들면, 고교평준화정책이 시행되고 있던 서울의 경우 거주 지역 내의 여러 학교들 가운데 한 곳을 선택해서 지원할 수 있는 '공동학군제'가 만들어지면서, 제한적으로나마 학교 선택권이 허용되었다.[25)] 2002년에는 재정적 여력 등의 규정 요건을 충족하는 일부 사립학교가 학생선발과 학교운영에 있어 일정수준 이상의 자율성을 보장받는 자립형 사립학교로 전환하는 것을 허용하였다. 또한 2000년에 교육과정의 차별화를 목표로 하는 제7차 교육과정이 시행되면서,[26)] 학교 내 수준별 수업을 시행하는 학교의 수가 급격히 증가하였다.[27)] 2010년에는 '고등학교 다양화 300 프로젝트'가 추진되면서 자사고나 마이스터고와 같은 새로운 고등학교 유형이 도입되기도 하였다.

그러나 이와 같은 학교 간 또는 학교 내 선택권을 강화하는 교육개혁의 움직임은 학업성취에 있어 계층 간 불평등을 심화시킬 수 있다. 특히 학교선택권의 확대와 교육과정의 차별화는 저소득층 학생들과 학업성취가 낮은 학생들의 교육기회를 제한하는 요인으로 작용할 수 있고, 결과적으로 학업성취에 있어 계층 간 격차를 확대시킬 수 있다.[28)] 실제로, 변수용, 김경근, 박현준(2012)은 가정의 사회경제적 배경이 낮은 고등학교 학생들이 학교 SES가 높은 곳에 다닐 확률은 평준화지역보다 비평준화지역에서 더 낮은 반면, 학교수준 SES가 학업성취에 미치는 영향은 평준화지역보다 비평준화지역에서 더 크게 나타나고 있음을 보여주었다. 또한 최재성과 황지수(2017)는 서울에서 평준화정책이 사실상 폐기되고 학교 선택권이 강화되기 시작한 2010년 직후 일반고에 다니는 학생들의 평균 학업성취도가 하락하였으며, 특히 학업성취가 낮은 학생들의 학업성취도가 크게 하락하였음을 발견하였다. 뿐만 아니라, 최근에 수행된 국가 간 비교연구들은 학교 간 또는 학교 내 차별화 정도(e.g., 계열화, 학교 내 수준별 수업, 학년 유급제)가 소득 불평등(지니계수)보다 계층 간 학업성취 격차와 더 큰 관련성을 가진다는 것을 실증적으로 보여주고 있다.[29] 개모란(Gamoran)은 스코틀랜드 중등교육 개혁의 영향에 대한 연구를 통해 교육과정의 표준화가 사회경제적 차이로 인한 성취도 격차를 줄이는 데 도움이 되었음을 실증적으로 보여주기도 하었다.[30] 요컨대, 한국교육의 최근 변화는 시장논리를 기반으로 학교 간 또는 학교 내 선택권을 강화하는 방향으로 초점을 맞추어왔는데, 이러한 정책기조가 계층 간 학업성취 격차를 증가시키는 요인으로 작동했을 개연성이 크다.

3. 소결론

이 장에서는 2000~2018 PISA 자료를 활용하여 최근 20여 년 동안 한국사회에서 부모의 사회경제적 지위가 자녀의 학업성취에 미치는 영향이 어떻게 변화해 왔는지 살펴보았다. 그 결과, 부모의 사회경제적 지위가 자녀의 학업성취에 미치는 영향은 적어도 2000년에 비해 2018년에 더 증가한 것으로 나타났다. 이는 계층 간 학업성취의 격차가 최근 코호트로 올수록 심화되었음을 의미한다. 이러한 연구결과는 TIMSS 자료를 분석한 변수용과 김경근의 연구(2010)와 PISA 2000과 2009년 자료를 분석한 장상수(2016)의 연구결과와 대략적으로 일치한다. 그러나 3장에서 살펴본 양적 측면의 교육 불평등과는 사뭇 다른 양상을 보인다. 비록 분석한 시점이 다르기 때문에 해석에 각별한 주의가 필요하지만, 3장 및 4장에서 분석한 자료들을 토대로 볼 때, 한국 사회에서 양적 측면에서의 교육 불평등은 유지되어 온 반면, 질적 측면에서의 교육 불평등은 최근 들어 심화된 경향이 있다고 할 수 있다.

부록표 4.1 부모의 사회경제적 배경이 자녀의 학업성취에 미치는 영향에 대한 회귀분석 결과

영역/코호트	절편	표준오차	가정의 사회경제적 배경 회귀계수	표준오차	가정의 사회경제적 배경 제곱항 회귀계수	표준오차	설명량 R^2(%)
읽기							
2000	523.64	2.60	18.22	1.98	0.40	1.30	7.0
2003	535.34	2.78	26.05	2.51	−1.54	1.31	10.4
2006	554.70	3.64	23.49	2.69	1.41	1.19	6.7
2009	539.83	2.94	25.85	2.02	0.57	0.83	10.6
2012	535.20	3.42	25.50	2.14	1.09	1.14	8.3
2015	516.46	3.14	31.50	2.30	1.31	0.92	10.2
2018	513.36	2.84	29.41	2.36	1.48	1.16	7.7
수학							
2000	—						
2003	542.39	2.92	34.13	2.90	−0.54	1.52	13.7
2006	545.78	3.12	30.76	3.15	1.80	1.42	10.5
2009	546.44	3.54	30.49	2.69	1.12	1.06	11.4
2012	552.15	3.70	33.70	2.59	2.27	1.32	10.8
2015	521.78	3.21	36.85	2.38	2.70	1.07	12.8
2018	524.10	2.85	33.18	2.79	2.72	1.19	9.6
과학							
2000	—						
2003	—						
2006	520.84	2.80	25.75	2.64	1.40	1.17	7.8
2009	538.39	2.92	25.50	2.28	0.71	0.98	9.5
2012	536.93	3.22	22.93	2.15	1.30	1.05	7.4
2015	513.75	2.74	31.03	2.04	2.37	0.90	9.9
2018	518.21	2.81	27.46	2.51	1.54	1.23	7.2

자료: PISA 2000, 2003, 2006, 2009, 2012, 2015, 2018.

— 다른 코호트와 점수 비교 불가

CHAPTER

05

한국사회 교육 불평등의 기제

CHAPTER 05

한국사회 교육 불평등의 기제

1. 사회자본
2. 문화자본
3. 사교육
4. 교육 불평등 기제로써
   사회자본, 문화자본, 사교육
5. 소결론

CHAPTER 05

한국사회 교육 불평등의 기제

4장에서는 PISA 자료를 활용하여 2000년부터 2018년까지 부모의 사회경제적 지위가 자녀의 학업성취에 미치는 영향이 어떻게 변해왔는지 살펴보았다. 그 결과, 부모의 사회경제적 지위가 자녀의 학업성취에 미치는 영향은 최근으로 올수록 증가하는 것으로 나타나, 질적 측면에서 교육 불평등이 최근 들어 심화되고 있음을 보여주었다. 그리고 기존 연구를 토대로, 이를 형평성을 강조하는 교육정책 기조에서 수월성을 강조하는 교육정책 기조로 변화한 것과 관련지어 해석하였다. 그러나 거시적인 측면에서 한 국가의 정책 기조와 교육 불평등의 연관성을 실증적으로 규명하는 것은 쉬운 일이 아니다. 따라서 5장에서는 질적 측면에서의 교육 불평등 심화 현상에 대한 이해를 돕기 위해 미시적인 측면에서 부모의 사회경제적 지위가 자녀의 학업성취에 영향을 미치는 기제(mechanism)에 대해 논의하고자 한다.

서구의 많은 학자들은 교육 불평등의 대표적 기제로 사회자본(social capital)과 문화자본(cultural capital)을 제시하고 있다.[1)] 경제자본(financial capital)이 자녀에 대한 물질적 지원 능력을 의미한다면, 사회자본은 유대와 신뢰를 바탕으로 한 부모와 자녀 사이의 관계로서 주로 자녀교육에 대한 부모의 관심 및 시간의 투입이라는 형태로 발현된다.[2] 문화자본은 지배문화와 관련된 언어 규칙, 상징, 사고, 심미적 취향, 성향 등을 지칭한다.[3] 서구의 연구에 영향을 받은 국내 학자들은 이러한 사회자본과 문화자본의 개념이 한국사회의 교육 불평등 문제를 설명하는 기제로 작용할 수 있다고 보고, 다양한 관련 연구를 수행해 왔다. 여기에 더하여 최근의 연구들은 사교육에 대한 투자를 한국사회에서 나타나는 또 다른 교육 불평등의 기제로 보고 있다.[4] [그림 5.1]은 부모의 사회경제적 지위가 자녀의 교육결과에 미치는 매개변수, 즉 교육 불평등의 기제로서 사회자본, 문화자본, 사교육의 역할을 도식화한 것이다. 5장에서는 한국사회에서 나타나는 교육 불평등의 기제로서 사회자본, 문화자본, 사교육에 대한 논의를 고찰하고, '학교 교육 실태 및 수준 분석 연구' 자료를 통해 각각의 기제가 부모의 사회경제적 지위에 따른 자녀의 학업성취 차이를 얼마나 설명하는지 분석하였다.

글상자 5.1 학교 교육 실태 및 수준 분석 연구

'학교 교육 실태 및 수준 분석 연구'는 한국교육개발원이 학교교육의 여건, 과정, 성과의 실태 및 학교효과를 분석하기 위하여 시행한 조사이다. 2003년 고등학교를 시작으로 매년 일반고 및 특목고 2학년, 중학교 3학년, 초등학교 6학년의 순으로 4주기까지 조사가 실시되었다.

그림 5.1 한국사회 교육 불평등의 기제

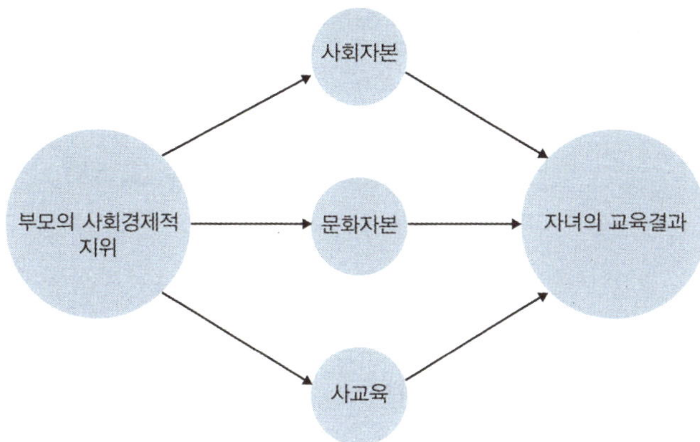

1. 사회자본

미국의 사회학자 콜먼(Coleman)과 프랑스의 사회학자 부르디외(Bourdieu)는 비슷한 시기에 개인 간 혹은 가족 구성원 간의 사회적 연대가 가져다주는 여러 이점들을 강조함으로써 사회자본을 이론적으로 정립하는 데 큰 공헌을 하였다. 그러나 이 둘은 사회이동(social mobility)에 있어 사회자본의 역할에 대해서는 서로 입장을 보였다.[5] 콜먼은 비록 부모의 사회경제적 지위가 낮다 하더라도 자녀와의 강한 연대와 결속을 통해 부모가 자녀의 교육결과에 긍정적이고 독립적인 영향을 미칠 수 있기 때문에, 사회자본이 사회이동에 도움이 된다고 보았다. 그러나 부르디외는 부모의 사회경제적 지위가 낮을수록 구조적으로 자녀와 결속을 다지기 어렵기 때문에 사회자본은 사회이동보다는 계급재생산의 기제로 작동할 가능성이 크다고 보았다.

한편, 사회자본과 교육결과 간의 관계에 대한 경험적 연구는 콜먼에 의해 크게 발전하였다. 그는 가족구소, 형세사베 수, 자녀에 대한 부모의 교육기대, 부모-자녀 간 학업 관련 대화 빈도를 통해 측정한 가족 내 사회자본이 다른 변수들을 통제한 상황에서 자녀의 교육결과에 독립적인 영향을 미치고 있음을 실증적으로 밝혀냈다.[6] 구체적으로, 한부모 가족에 비해 양친가족일수록, 형제자매 수가 적을수록, 자녀에 대한 부모의 교육기대 수준이 높고, 부모-자녀 간 학업 관련 대화 빈도가 높을수록 자녀가 고등학교를 중도 탈락할 가능성이 낮았다. 콜먼의 연구 이후, 서구에서 수행된 많은 경험 연구들은 사회자본이 자녀의 교육포부나 학업성취 또는 교육성취와 같은 다양한 교육결과에 독립적인 영향을 미치고 있음을 보여주었다.[7]

국내에서 수행된 다수의 연구들도 가족 내 사회자본이 자녀의 여러 교육결과에 독립적인 영향을 미치고 있음을 보여주고 있다.[8] 예를 들어, 김향신과 동료들(2018)은 대표성 있는 중학생 표본을 대상으로 한 연구에서 부모의 교육수준과 가구소득으로 측정된 부모의 사회경제적 지위가 부모-자녀 관계에 긍정적인 영향을 미치고, 이것은 다시 자녀의 교육포부에 긍정적인 영향을 미치고 있음을 보여주었다.[9] 그러나 한국사회에서 사회자본이 사회이동의 기제로 작동하는지, 아니면 교육불평등(계급재생산)의 기제로 작동하는지에 대해서는 논란의 여지가 있다. 그 이유는 관련 연구들이 상반된 연구결과를 보여주고 있기 때문이다. 가령 몇몇 연구는 부모의 사회경제적 지위가 낮다 하더라도 가정이나 학교 내 사회자본의 확충을 통해 자녀의 좋지 않은 교육결과를 일정 부분 만회할 수 있다는 가능성을 발견하였다.[10] 반면, 또 다른 연구들은 부모의 사회경제적 지위가 낮은 경우 구조적으로 가족 내 사회자본 축적이 매우 제한적으로 이루어지며, 학습 및 생활지도와 같은 형식의 사회자본은 부모의 사회경제적 지위가 높을 때 자녀의 학업성취나 교육포부 형성에 더 유리하게 작용하고 있음을 보여주었다.[11]

2. 문화자본

문화자본은 부르디외의 문화재생산이론의 핵심 개념으로 서구사회에서의 계급재생산 현상을 설명하는 데 매우 유용한 이론이다. 문화재생산이론에 따르면, 세대 간 문화자본의 전수를 통해 계급재생산이 이루어지고, 학교는 이 과정에서 매우 중요한 역할을 수행한다.[12] 이러한 관점에서 학교는 지배계급이 자신들의 지위와 권력을 자녀들에게 대물림할 수 있도록 사회적으로 제도화된 공간이다. 즉, 학교는 가치중립적인 공간이 아니라 특정한 언어적, 문화적 형식을 선호하는데 특히 지배계급의 문화를 반영한다.[13] 지배계급의 자녀들은 어려서부터 지배문화에 자연스럽게 노출됨으로써 학교문화에 친숙한 언어적, 문화적 성향을 입학 전부터 문화자본의 형태로 습득하게 된다.[14] 이들이 습득한 문화자본은 교사들과 원활한 의사소통을 하도록 돕고, 교사들도 이들에게 더 많은 관심과 애정을 쏟게 된다. 그 결과, 지배계급 자녀들은 학교생활에 잘 적응하게 되고 나아가 보다 나은 학업성취와 교육성취를 얻게 된다.[15] 이와는 반대로, 사회적경제적 지위가 낮은 가정에서 자란 아이들은 학교에서 요구하는 언어적, 문화적 성향에 친숙하지 않을 가능성이 높다.[16] 때문에 학교생활에 잘 적응하지 못하고 기대하는 학업성취나 교육성취를 얻는 데에 어려움을 겪게 된다. 따라서 문화자본의 불평등한 계급 간 분배는 교육적 불평등을 초래하고, 이는 다시 사회적 불평등으로 이어지게 되면서 계급은 재생산된다.[17]

글상자 5.2 사회이동과 관련한 문화자본

부르디외의 문화재생산모델(cultural reproduction model)에 따르면, 사회경제적 지위가 높은 가정에서 자란 아이들은 자연스럽게 문화자본을 획득하게 되어 이미 학교에 입학할 때에는 사회경제적 지위가 낮은 가정에서 자라난 아이들에 비해 훨씬 더 풍부한 문화자본을 보유하고 있다. 그리고 학교교육을 받는 동안 전자는 후자보다 훨씬 더 빠른 속도로 문화자본을 축적하고, 이를 활용하여 교육결과에서 우위를 점하게 된다. 그러나 미국의 사회학자 디마지오(DiMaggio, 1982)는 문화재생산모델과 상반되는, 이른바 문화이동모델(cultural mobility model)을 제시하였다. 디마지오는 현대사회에서는 고급문화에 대한 접근성이 과거에 비해 크게 증대되면서 문화자본이 사회경제적 지위가 낮은 가정의 아이들에게는 사회이동을 위한 수단으로 적극 활용될 수 있는 반면, 사회경제적 지위가 높은 가정의 아이들에게는 추가적인 이득을 주지 못한다고 주장한다. 그렇지만 디마지오의 문화이동모델도 학교가 중립적인 공간이 아니라 문화자본을 가진 학생과 그렇지 않은 학생들을 차별적으로 보상하는 기관이라는 사실을 가정한다는 점에서는 부르디외의 문화재생산모델과 맥을 같이 한다.

이러한 문화재생산 이론은 최근 한국을 비롯한 동아시아 사회의 교육 불평등 현상을 이해하는 데에도 적용되기 시작하였다.[18] 그 이유는 한국사회의 경우 최근 들어 클래식 음악회, 오페라, 박물관 관람과 같은 문화활동이나 소비양식에서 계층 간 차이가 점차 뚜렷하게 나타나고 있기 때문이다.[19] 또한 교육과 관련해서는 입시제도의 다변화로 인하여 자기표현능력이 매우 중요한 요소로 여기지는 논술, 면접, 구술시험 등이 확대되면서, 개인의 언어적, 문화적 능력으로 대변되는 문화자본이 교육결과에 미치는 영향력이 점차 증대될 것으로 예측되기도 한다.[20] 물론 동아시아 사회의 여러 특수한 상황으로 인해 문화자본을 교육 불평등의 기제로 보는 것에 대해 회의적인 시각도 있다.[21] 예를 들어, 한국의 경우 상당수의 학생들이 방과 후 학업보충 및 입시준비를 위해 다양한 형태의 사교육에 참여하고 있어 문화활동에 투자할 수 있는 시간이 상대적으로 제한적이다. 이러한 상황에서 문화활동은 필연적으로 공부에 투입할 수 있는 시간을 축소시킴으로써 학업성취에 부정적 결과를 초래할 개연성이 있다. 또한 한국은 서구사회에 비해 교육과정이 표준화되어 있고, 특히 음악이나 미술처럼 문화활동과 연관성이 큰 과목들은 국어, 영어, 수학 등과 같이 상급학교 진학에 결정적인 영향을 미치는 이른바 도구 과목에 밀려 제대로 수업이 이루어지지 못하는 실정이다. 이러한 한국적 상황에서 문화활동 참여는 교육제도 내에서 제대로 보상을 받지 못할 가능성이 크다. 실제로 변수용과 동료들(2012)의 연구에 따르면, 한국은 일본과 함께 2000년 PISA에 참가한 국가들 가운데 클래식 음악회, 오페라, 박물관 관람과 같은 문화활동 빈도가 가장 낮았다([그림 5.2] 참조). 또한, 프랑스나 미국, 일본과 달리 한국에서 고급문화활동은 학업성취에 오히려 부정적인 영향을 미치는 것으로 나타났다.[22]

그림 5.2 국가별 고급문화활동 참여 수준

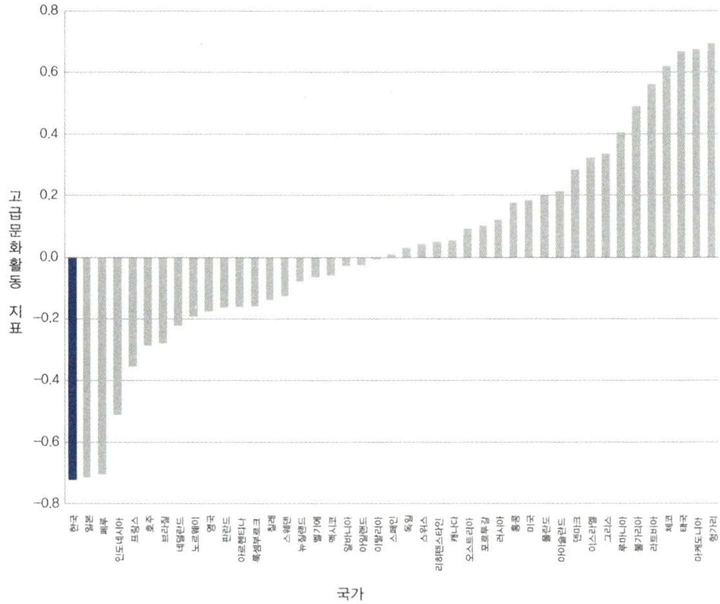

자료: PISA 2010.
출처: 저자
주: 0은 OECD 평균을 의미함.

그러나 문화자본은 고급문화활동만을 의미하지 않는다. 가령 문화자본의 또 다른 형태로써 부모나 자녀의 독서습관이 고려되기도 한다.[23] 이러한 관점의 기본 가정은 부모의 독서활동이 가정 내의 학구적 분위기를 형성하고, 이러한 분위기가 자녀의 학습태도와 성향에 영향을 미쳐 결과적으로 학교생활 적응에 긍정적인 영향을 미친다는 것이다. 실지로, 국내외의 많은 연구들은 부모의 사회경제적 지위가 높을수록 자녀들이 긍정적인 독서습관을 가지고 있고, 이러한 습관이 학업성취에 긍정적인 영향을 미치고 있음을 보여준다.[24] 요컨대, 비록 한국사회에서 문화자본이 어떻게 정의될지에 대해 논란은 있으나, 부모의 사회경제적 지위가 높을수록 독서습관과 같은 형태의 문화자본 수준이 더 높고, 이것은 자녀의 학업성취에 긍정적인 영향을 줄 수 있다.

글상자 5.3 한국사회에서의 문화자본

앞서 설명한 바와 같이 서구사회와 달리 한국사회에서는 클래식 음악회, 오페라, 박물관 관람 등과 같은 고급문화활동이 학업성취에 오히려 부정적인 영향을 미치는 것으로 나타났다. 이에 따라 한국사회에서 고급문화활동을 문화자본으로 볼 수 있는지에 대한 논란이 있다. 동시에 한국사회에서 무엇이 문화자본으로 정의될 수 있는지에 대한 논의도 있다. 이와 관련하여 몇몇 학자들은 영어구사능력을 한국사회의 문화자본 가운데 하나로 제시하고 있다.[25] 그 이유는 첫째, 한국사회에서 영어를 습득하고자 하는 바람은 특히 사회경제적 지위가 높은 부모들에게서 두드러진다는 점이다. 둘째, 사회경제적 지위가 높은 부모들은 자녀가 어릴 때부터 가정 내에서 뿐만 아니라, 영어학원이나 해외 어학연수 및 유학을 통해 '체화된 문화자본'으로서 영어를 습득하도록 돕는다. 이와는 대조적으로 사회경제적 지위가 낮은 계층의 자녀들은 충분하고 지속적인 지원의 부재로 인해 영어를 체화된 자본으로 습득하기 어렵다. 셋째, 영어는 학교 정규 교육과정에 포함되어 있으며, 영어점수가 엘리트 고등학교 및 대학 진학, 나아가 회사 취직에도 직접적인 영향을 미치는 척도로 작용하기 때문에 영어구사능력이 높을수록 교육적·사회직 보싱을 빋을 수 있다.[26]

3. 사교육

2장에서 살펴본 바와 같이 지난 반세기 동안 한국사회는 공교육 기회의 확대와 더불어 사교육의 급속한 팽창을 경험하였다. 이 과정에서 사교육의 역할이 단순히 공교육에서 이루어지는 교육활동을 보충, 보

그림 5.3 연도별 총사교육비: 2007~2018

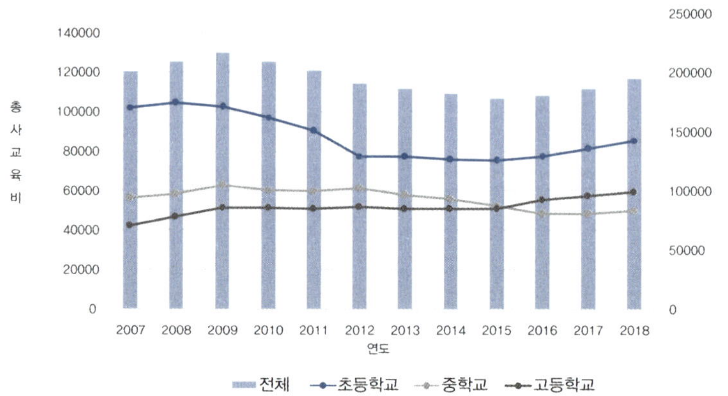

단위: 억 원.
출처: e-나라지표.

완하는 차원을 넘어 공교육의 목적과 근간을 위협하고 있다는 우려도 심심치 않게 제기되었다. 이에 사교육의 부정적 영향을 해소하기 위해, 정부는 과외 금지 조치와 같은 극단적인 처방에서부터 방과후학교에 이르기까지 다양한 강도 및 내용의 사교육 억제 대책을 제안하고 시행하여 왔다.[27] 그러나 그간의 노력에도 불구하고 사교육에 대한 수요는 좀처럼 수그러들지 않고, 오히려 최근 들어 더욱 늘어나고 있는 실정이다. 그리하여 [그림 5.3]에서 보듯 2018년 기준으로 총사교육비 규모는 약 20조원에 육박한다. 또한 [그림 5.4]에서 보는 바와 같이 한국 학생들은 학원과 같은 사교육 기관에서 보내는 주당 평균 시간이 PISA 2012에 참여한 다른 74개 국가의 학생들보다 월등히 길다.[28] 뿐만 아니라, [그림 5.5]에서 보는 바와 같이, 한국은 학업성취가 높은 학생일수록 사교육을 더 많이 받는 경향이 있다. 반면, 대부분의 나라에서는 학업성취가 낮은 학생일수록 사교육을 더 많이 받는 경향이 있다.

그림 5.4 국가별 사교육(학원) 참여 시간 (주당 평균)

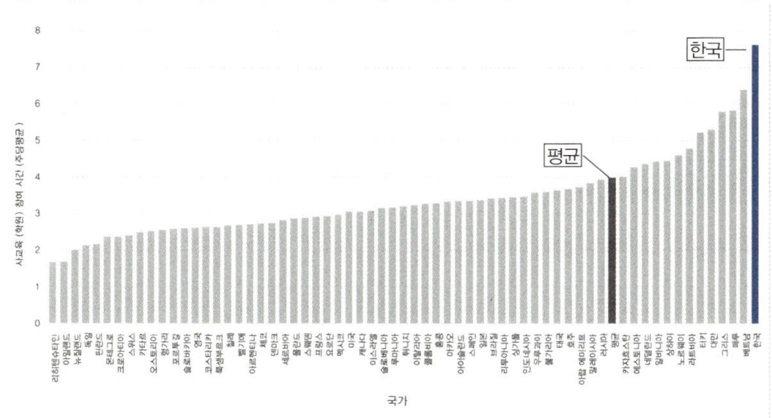

자료: PISA 2012.

출처: Byun, Chung, and Baker, 2018.

그림 5.5 국가별 사교육(학원) 참여와 학업성취와의 관계

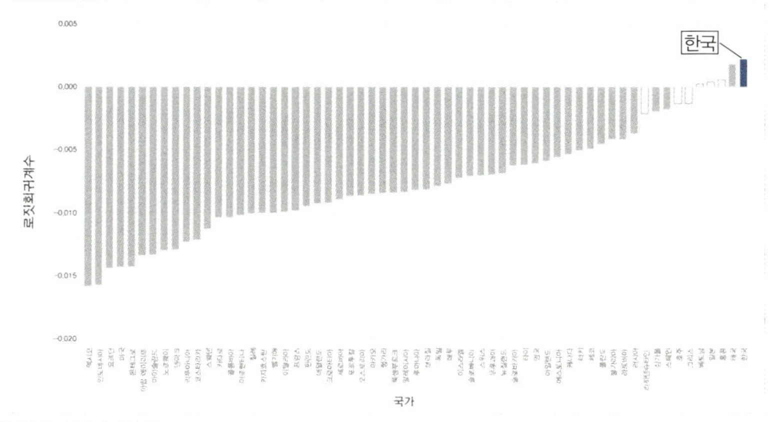

원자료: PISA 2012.

출처: Byun, Chung, and Baker, 2018.

주: 로짓회계계수는 학업성취와 사교육 참여 간의 연관성을 의미함. 0보다 크면 학업성취가 높을수록 사교육을 많이 받는다는 것을 의미하며, 0보다 작으면 학업성취가 낮을수록 사교육을 많이 받는다는 것을 의미함. 흰색으로 표기된 국가는 학업성취와 사교육 참여간의 연관성이 통계적으로 유의미하지 않은 것을 의미함.

한편, 사교육과 관련한 거의 모든 연구들은 부모의 사회경제적 지위가 사교육 수요를 결정하는 핵심요인임을 보여주고 있다. 즉, 다른 조건이 동일하다면, 부모의 사회경제적 지위가 높을수록 자녀가 사교육에 활발하게 참여하고, 더 많은 사교육비를 지출하는 경향이 있다(2장 참조).[29] 또한 사회경제적 지위가 높은 부모들은 사교육 관련 정보 수집에 더욱 적극적이다.[30] 때문에 이러한 계층 간 사교육 기회 격차가 교육 불평등으로 이어지고 있다는 우려가 사회 전반에 걸쳐 광범하게 확산되어 있다. 그러나 사교육 참여가 학생들의 시험 성적이나 대학 진학과 같은 교육성취에 긍정적인 영향을 미치는가에 대한 실증적인 증거는 일관되지 못하다.[31] 몇몇 연구들은 다른 변수를 통제하였을 때 사교육 참여가 학업성취나 대학진학에 별다른 영향을 주지 못한다고 보고한 반면,[32] 또 다른 연구에서는 다른 변수를 통제하더라도 사교육 참여가 학업성취에 작지만 긍정적인 영향을 미치고 있음을 보여주고 있다.[33] 심지어 어떤 연구는 고3 시기 사교육 기간이 대학 학점에 부정적인 영향을 미치는 것으로 보고하고 있다.[34] 이처럼 연구마다 사교육 효과가 다르게 보고되는 이유에는 여러 가지가 있을 수 있지만, 각 연구에 사용된 자료, 사교육 변수(예를 들어, 사교육 참여여부, 사교육 지출, 사교육 기간 등)와 결과 변수의 차이(예를 들어, 시험 성적, 대학 진학 등) 및 사용된 연구방법의 차이가 주요 요인일 수 있다.[35] 그러나 무엇보다도 교육결과에 대한 사교육의 효과를 검증하는 것이 어려운 이유는 사교육에 참여하는 학생들과 참여하지 않은 학생들 간에 가정배경을 포함한 학업성취, 동기 등의 차이가 있기 때문이다. 따라서 이를 적절히 통제하지 않을 경우 사교육 효과 추정에 있어 편의가 생기게 된다.[36]

4. 교육 불평등 기제로써 사회자본, 문화자본, 사교육

그렇다면 이상에서 살펴본 사회자본, 문화자본, 사교육은 부모의 사회경제적 지위가 자녀의 학업성취에 미치는 영향을 얼마나 설명할까? 이와 관련하여 기존 연구들은 대부분 부모의 사회경제적 지위가 사회자본, 문화자본, 사교육에 어떠한 영향을 미치는지, 또는 사회자본, 문화자본, 사교육이 학업성취에 어떠한 영향을 미치는지를 개별적으로 분석하고 있다. 다시 말해, 교육 불평등의 기제로써 사회자본, 문화자본, 사교육이 부모의 사회경제적 지위가 자녀의 학업성취에 미치는 영향을 얼마나 설명하고 있는지에 초점을 둔 연구는 거의 없다. 따라서 여기에서는 학교 교육 실태 및 수준 분석 연구의 1주기와 4주기 자료를 이용하여 초등학교와 중학교 단계에서 사회자본, 문화자본, 사교육이 부모의 사회경제적 지위가 자녀의 학업성취에 미치는 영향을 얼마나 설명하는지를 분석하고, 이러한 연관성이 1주기와 4주기 사이에 어떻게 변화했는지를 살펴보았다. 단, 일반고 학생의 경우 1주기 자료에 학업성취 정보가 없는 관계로 4주기 자료만 분석하였다. 또한 지면 관계상 수학 학업성취도에 대한 분석 결과는 생략하고 국어 학업성취에 대한 분석결과만 보고하였다.

글상자 5.4 변수 측정과 분석 방법

학생들의 국어 점수는 한국교육개발원이 자체 개발한 국어 학업성취도 검사를 통해 얻은 점수이다. 5장에서는 1주기와 4주기 자료의 비교를 위해 국어 점수를 평균을 0, 표준편차를 1로 하는 표준화 점수로 변환하였다. 부모의 사회경제적 지위, 사회자본, 문화자본, 사교육 변수는 '학교 교육 실태 및 수준 분석 연구' 1주기와 4주기 조사에 공통적으로 포함된 문항을 사용하여 측정하였다. 구체적으로, 부모의 사회경제적 지위는 아버지 학력, 어머니 학력, 월평균 소득을 이용하여 각 주기별로 표준화한 값을 사용하였다. 사회자본은 선행연구를 토대로 (1) 가족구조, (2) 형제자매 수, (3) 자녀에 대한 기대교육수준(교육연수), (4) 학교생활에 대한 부모-자녀 대화 빈도로 측정하였다. 문화자본은 (1) 골동품 및 예술작품, 고전음반, 100권 이상의 교양/전문서적, 미술화집, 피아노, 바이올린 같은 악기 소유 여부의 합으로 측정된 객관화된 문화자본, (2) 음악회나 미술전시 관람 같은 고급문화취미로 측정된 부모의 고급문화활동, (3) 독서를 즐기는 정도(5점 척도)로 측정된 부모의 독서향유, (4) 미술관/박물관, 고전 음악회/오페라, 연극/뮤지컬 관람 빈도(1=전혀 안함, 5=1주에 몇회)로 측정된 자녀의 고급문화활동, (5) "독서는 내가 가장 좋아하는 취미 중 하나이다", "다른 사람과 책에 대해 이야기하는 것을 좋아한다", "책을 선물로 받을 때 기쁘다", "서점이나 도서관에 가는 것을 좋아한다" 문항을 각각 5점 척도(1=전혀 그렇지 않다, 5=매우 그렇다)로 측정한 것의 평균인 자녀의 독서향유로 측정하였다. 마지막으로, 사교육 변수로 사교육 지원 정도(과외나 학원 수강비 부담; 1=하지 않는다, 5=자주 한다), 사교육을 받은 시간, 사교육 비용을 고려하였다. 분석방법은 국어 점수를 종속변수로, 부모의 사회경제적 지위(SES), 사회자본, 문화자본, 사교육을 독립변수로 한 최소자승회귀모형(OLS regression model)으로, 각각의 추정 모형을 다음과 같은 수식으로 나타낼 수 있다.

$$y_i = a + b_1 SES_i + r_i \quad \cdots (1)$$

$$y_i = a + b_1 SES_i + b_2 \text{사회자본} + r_i \quad \cdots (2)$$

$$y_i = a + b_1 SES_i + b_2 \text{문화자본} + r_i \quad \cdots (3)$$

$$y_i = a + b_1 SES_i + b_2 \text{사교육} + r_i \quad \cdots (4)$$

$$y_i = a + b_1 SES_i + b_2 \text{사회자본} + b_3 \text{문화자본} + b_4 \text{사교육} + r_i \quad \cdots (5)$$

이때 (1)-(5)에서 y_i는 i번째 학생의 표준화 읽기점수를 의미하며, a는 절편, b_1은 SES의 회귀계수를 의미하며, r_i는 잔차(residuals)를 의미한다. (2), (3), (4)에서 b_2는 각각 사회자본, 문화자본, 사교육의 회귀계수를 의미한다. 그리고 사회자본, 문화자본, 사교육이 부모의 사회경제적 지위에 따른 자녀의 국어 학업성취 차이를 설명하는 비율을 산출하기 위해서 (1)에서 구한 SES의 회귀계수와 각 기제 변수를 투입한 (2), (3), (4)에서 구한 SES의 회귀계수의 차이 정도를 비율로 계산하였다. 한편, 자료가 다층구조로 되어 있다는 점을 감안하여 클러스터 강건 표준오차(cluster-robust standard error)를 사용하였다. 결측치의 경우 다중대체법을 활용하여 분석사례수의 감소에 따른 추정치의 편의를 줄이고자 하였다.

[그림 5.6]은 초등학생을 대상으로 사회자본, 문화자본, 사교육이 부모의 사회경제적 지위에 따른 자녀의 국어 학업성취 차이를 설명하는 비율이 2005년과 2014년 사이에 어떻게 변화하였는지 보여준다. 구체적으로 살펴보면, 사회자본이 부모의 사회경제적 지위가 국어 학업성취에 미치는 영향을 설명하는 비율은 2005년 36%, 2014년 36%로 큰 차이가 없었다. 문화자본이 부모의 사회경제적 지위가 자녀 국어 학업

그림 5.6 **사회자본, 문화자본, 사교육이 부모의 사회경제적 지위에 따른 초등학생 자녀의 국어 학업성취 차이를 설명하는 비율 변화(2005, 2014)**

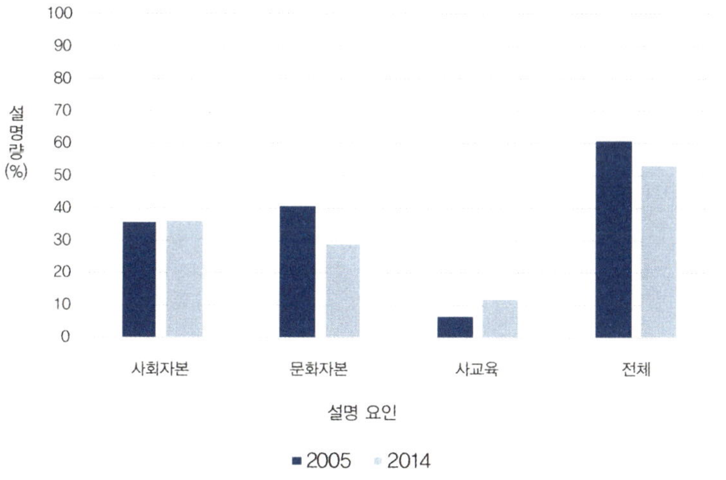

자료: 학교 교육 실태 및 수준 분석 연구 초등학생 2005, 2014.

성취에 미치는 영향을 설명하는 비율은 2005년에는 40%였으나, 2014년에는 29%에 그쳤다. 마지막으로, 사교육이 부모의 사회경제적 지위가 자녀의 국어 학업성취에 미치는 영향을 설명하는 비율은 2005년에는 6%였으나, 2014년에는 12%로 두 배 가량 높아졌다. 한편, 사회자본, 문화자본, 사교육이 종합적으로 부모의 사회경제적 지위에 따른 자녀의 국어 학업성취 차이를 설명하는 비율은 2005년에는 61%였으나, 2014년에는 53%로 다소 감소하였다.

[그림 5.7]은 중학생을 대상으로 사회자본, 문화자본, 사교육이 부모의 사회경제적 지위에 따른 자녀의 국어 학업성취 차이를 설명하는 비율이 2005년과 2014년 사이에 어떻게 변화하였는지 보여준다. 구체적으로 살펴보면, 사회자본이 부모의 사회경제적 지위가 자녀 국어 학업성취에 미치는 영향을 설명하는 비율은 2004년에 35%였으며, 2013년에는 57%로 증가하였다. 문화자본이 부모의 사회경제적 지위가 자녀

그림 5.7 사회자본, 문화자본, 사교육이 부모의 사회경제적 지위에 따른 중학생 자녀의 국어 학업성취 차이를 설명하는 비율 변화(2004, 2013)

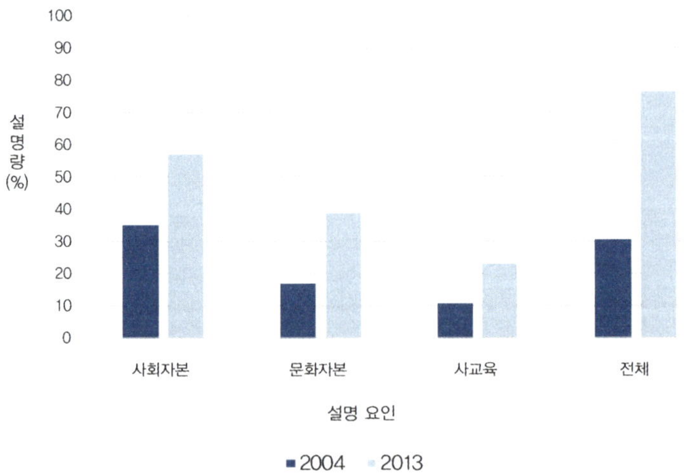

자료: 학교 교육 실태 및 수준 분석 연구 중학생 2004, 2013.

국어 학업성취에 미치는 영향을 설명하는 비율은 2004년에는 17%였으나, 2013년에는 39%로 증가하였다. 마지막으로, 사교육이 부모의 사회경제적 지위가 자녀 국어 학업성취에 미치는 영향을 설명하는 비율 역시 2004년에는 11%였으나, 2013년에는 23%로 두 배 정도 높아졌다. 한편, 사회자본, 문화자본, 사교육이 종합적으로 부모의 사회경제적 지위에 따른 자녀의 국어 학업성취 차이를 설명하는 비율은 2004년에는 31%였으나, 2013년에는 77%로 크게 높아졌다.

[그림 5.8]은 2012년 당시 일반고 학생을 대상으로 사회자본, 문화자본, 사교육이 부모의 사회경제적 지위에 따른 자녀의 국어 학업성취 차이를 설명하는 비율을 보여준다. 앞서 설명한 바와 같이 1주기(2003년) 일반고 대상 조사 자료에는 학업성취에 대한 정보가 없어 4주기(2012년) 자료 분석 결과만 제시하였다. 구체적으로 살펴보면, 사회자본, 문화자본, 사교육이 부모의 사회경제적 지위가 국어 학업성취에 미치는 영향을 설명하는 비율은 각각 53%, 10%, 12%로 초등학생 및 중

그림 5.8 사회자본, 문화자본, 사교육이 부모의 사회경제적 지위에 따른 일반고 자녀의 국어 학업성취 차이를 설명하는 비율(2012)

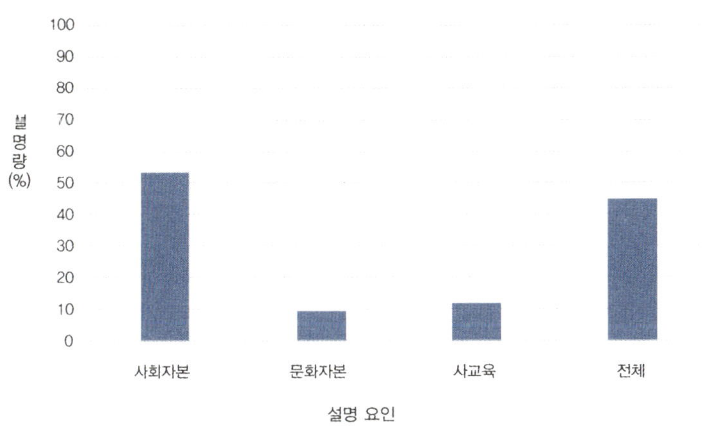

자료: 학교 교육 실태 및 수준 분석 연구 일반고 학생 2012.

학생과 마찬가지로 사회자본의 역할이 가장 크게 나타났다. 한편, 사회자본, 문화자본, 사교육이 종합적으로 부모의 사회경제적 지위에 따른 자녀의 국어 학업성취 차이를 설명하는 비율은 45%였다.

5. 소결론

5장에서는 선행연구를 토대로 한국사회에서 계층 간 학업성취 격차를 설명하는 기제로 논의되는 사회자본, 문화자본, 사교육의 역할에 대해 살펴보았다. 그리고 학교 교육 실태 및 수준 분석 연구 자료를 통해 이들 세 요인이 부모의 사회경제적 지위에 따른 자녀의 국어 학업성취 차이를 각각 얼마나 설명하는지, 그리고 그 설명하는 비율이 지난 10여 년간 어떻게 변화하였는지 살펴보았다. 그 결과, 부모의 사회경제적 지위가 자녀의 국어 학업성취에 미치는 영향을 가장 많이 설명하는 요인은 초등학생, 중학생, 고등학생 모두에서 사회자본, 문화자본, 사교육 순으로 나타났다. 특히 중학생의 경우, 사회자본, 문화자본, 사교육이 부모의 사회경제적 지위가 자녀의 국어 학업성취에 미치는 영향을 설명하는 비율은 2004년에 비해 2013년에 크게 증가하였다. 이러한 결과는 중학생의 경우 사회자본, 문화자본, 사교육이 교육 불평등의 기제로 작용할 개연성이 최근 들어 그만큼 커졌다는 것을 시사한다.

부록표 5.1 기술통계

변수	초등학교				중학교				일반고등학교	
	2005		2014		2004		2013		2013	
	평균	표준편차	평균	표준편차	평균	표준편차	평균	표준편차	평균	표준편차
학업성취(국어)[a]	0.01	1.00	0.00	1.00	0.01	1.00	0.00	1.00	0.00	1.00
부모의 사회경제적 지위[a]	−0.05	1.01	−0.07	1.01	−0.06	1.01	−0.09	1.01	−0.06	1.01
사회자본										
가족구조(양친가족)	0.95	0.22	0.86	0.35	0.93	0.26	0.75	0.43	0.76	0.42
형제자매 수	1.30	0.86	1.24	0.80	1.41	1.00	1.23	0.77	1.20	0.67
자녀에 대한 교육기대수준	17.57	2.47	16.96	2.17	16.93	2.32	16.60	2.23	16.89	2.00
학교생활에 대한 부모−자녀 대화	4.07	1.78	3.42	1.75	3.71	1.42	3.67	1.75	2.90	1.57
문화자본										
객관화된 문화자본	1.90	1.42	1.69	1.40	1.67	1.44	1.81	1.49	1.97	1.50
부모의 고급문화활동	2.43	0.88	2.49	0.86	2.25	0.87	2.46	0.87	2.50	0.86
부모의 독서 향유	3.28	0.94	3.11	0.93	3.16	1.02	3.09	0.98	3.22	0.96
자녀의 고급문화활동	1.78	0.77	1.93	0.85	1.53	0.57	1.74	0.85	1.70	0.90
자녀의 독서 향유	3.03	0.90	2.78	0.93	2.84	0.88	3.12	0.75	2.94	0.89
사교육										
사교육 지원	3.35	1.19	3.76	1.27	3.23	1.37	3.53	1.38	3.44	1.40
사교육 기간	2.12	4.14	7.53	13.90	1.68	3.29	3.83	8.23	1.38	4.40
사교육 지출	1.06	1.10	1.25	1.23	0.82	1.11	1.23	1.52	0.67	1.49
N	12,467		10,308		143,71		13,611		11,708	

주: 사교육 지원은 과외나 학원 수강비 부담을 5점 척도(1=하지 않는다, 5=자주 한다)로 측정함. 사교육 기간 단위는 2005년은 주 과외시간, 2014년은 개월.
a. 표준화 점수

부록표 5.2 초등학생 국어 학업성취 결정요인: 2005

변수	1		2		3		4		5	
	B	SE	B	SE	B	SE	B	SE	B	SE
부모의 사회경제적 지위	0.24***	0.01	0.15***	0.01	0.14***	0.01	0.22***	0.01	0.09***	0.01
사회자본										
가족구조(양친가족)			0.28***	0.04					0.27***	0.04
형제자매 수			−0.03*	0.01					−0.04**	0.01
자녀에 대한 교육기대수준			0.05***	0.00					0.05***	0.00
학교생활에 대한 부모−자녀 대화			0.10***	0.01					0.07***	0.01
문화자본										
객관화된 문화자본					0.06***	0.01			0.04***	0.01
부모의 고급문화활동					−0.01	0.01			−0.03	0.01
부모의 독서 향유					0.05***	0.01			0.04**	0.01
자녀의 고급문화활동					0.01	0.01			−0.03*	0.01
자녀의 독서 향유					0.27***	0.01			0.23***	0.01
사교육										
사교육 지원							0.06***	0.01	0.03**	0.01
사교육 기간							−0.01**	0.00	−0.01*	0.00
사교육 지출							−0.02	0.01	−0.02	0.01
절편	0.02	0.02	−1.59***	0.09	−1.07***	0.05	−0.12**	0.04	−2.14***	0.09
학업 성취 분산 설명량(R^2)	0.06		0.12		0.13		0.06		0.16	
설명량 변화(R^2 change)	−		0.06		0.07		0.01		0.11	
부모의 사회경제적 지위 효과 설명비율(%)	−		35.7		40.4		6.3		60.6	
N					12,467					

B = 회귀 계수, SE = 표준오차

*** $p<.001$, ** $p<.01$, * $p<.05$ (two−tailed tests)

부록표 5.3 초등학생 국어 학업성취 결정요인: 2014

변수	1		2		3		4		5	
	B	SE	B	SE	B	SE	B	SE	B	SE
부모의 사회경제적 지위	0.29***	0.01	0.18***	0.01	0.20***	0.01	0.25***	0.01	0.13***	0.01
사회자본										
가족구조(양친가족)			0.20***	0.03					0.15***	0.03
형제자매 수			−0.10***	0.01					−0.09***	0.01
자녀에 대한 교육기대수준			0.07***	0.01					0.06***	0.01
학교생활에 대한 부모−자녀 대화			0.11***	0.01					0.09***	0.01
문화자본										
객관화된 문화자본					0.08***	0.01			0.05***	0.01
부모의 고급문화활동					−0.03*	0.01			−0.04**	0.01
부모의 독서 향유					0.06***	0.01			0.04***	0.01
자녀의 고급문화활동					−0.10***	0.01			−0.13***	0.01
자녀의 독서 향유					0.24***	0.01			0.20***	0.01
사교육										
사교육 지원							0.08***	0.01	0.05***	0.01
사교육 기간							0.00**	0.00	0.00**	0.00
사교육 지출							−0.09***	0.01	−0.06***	0.01
절편	0.02***	0.02	−1.58***	0.10	−0.71***	0.06	−0.20***	0.04	−1.86***	0.11
학업 성취 분산 설명량(R^2)	0.08		0.15		0.15		0.10		0.20	
설명량 변화(R^2 change)	–		0.07		0.06		0.02		0.12	
부모의 사회경제적 지위 효과 설명비율(%)	–		35.8		28.8		11.8		53.2	
N	10,308									

B=회귀 계수, SE=표준오차

*** $p<.001$, ** $p<.01$, * $p<.05$ (two−tailed tests)

부록표 5.4 중학생 국어 학업성취 결정요인: 2004

변수	1		2		3		4		5	
	B	SE	B	SE	B	SE	B	SE	B	SE
부모의 사회경제적 지위	0.29***	0.01	0.19***	0.01	0.24***	0.01	0.26***	0.01	0.17***	0.01
사회자본										
가족구조(양친가족)			0.10**	0.04					0.07	0.04
형제자매 수			−0.04***	0.01					−0.04***	0.01
자녀에 대한 교육기대수준			0.09***	0.00					0.08***	0.00
학교생활에 대한 부모−자녀 대화			0.11***	0.01					0.08***	0.01
문화자본										
객관화된 문화자본					0.03***	0.01			0.02*	0.01
부모의 고급문화활동					−0.04**	0.01			−0.06***	0.01
부모의 독서 향유					0.08***	0.01			0.05***	0.01
자녀의 고급문화활동					−0.11***	0.02			−0.13***	0.02
자녀의 독서 향유					0.30***	0.01			0.27***	0.01
사교육										
사교육 지원							0.07***	0.01	0.04***	0.01
사교육 기간							0.00	0.00	0.00	0.00
사교육 지출							0.03	0.01	0.02	0.01
절편	0.03	0.02	−2.04***	0.09	−0.86***	0.05	−0.21***	0.03	−2.38***	0.09
학업 성취 분산 설명량(R^2)	0.08		0.16		0.17		0.10		0.22	
설명량 변화(R^2 change)	−		0.08		0.08		0.01		0.14	
부모의 사회경제적 지위 효과 설명비율(%)	−		35.0		16.9		10.9		30.6	
N	14,371									

B=회귀 계수, SE=표준오차

*** $p<.001$, ** $p<.01$, * $p<.05$ (two−tailed tests)

부록표 5.5 중학생 국어 학업성취 결정요인: 2013

변수	1		2		3		4		5	
	B	SE	B	SE	B	SE	B	SE	B	SE
부모의 사회경제적 지위	0.22***	0.01	0.09***	0.01	0.13***	0.01	0.17***	0.01	0.07***	0.01
사회자본										
가족구조(양친가족)			0.23***	0.03					0.15***	0.02
형제자매 수			−0.03**	0.01					−0.03**	0.01
자녀에 대한 교육기대수준			0.09***	0.00					0.07***	0.00
학교생활에 대한 부모−자녀 대화			0.11***	0.01					0.08***	0.01
문화자본										
객관화된 문화자본					0.06***	0.01			0.02***	0.01
부모의 고급문화활동					−0.07***	0.01			−0.06***	0.01
부모의 독서 향유					0.11***	0.01			0.07***	0.01
자녀의 고급문화활동					−0.11***	0.01			−0.12***	0.01
자녀의 독서 향유					0.41***	0.01			0.31***	0.01
사교육										
사교육 지원							0.12***	0.01	0.05***	0.01
사교육 기간							0.00	0.00	0.00*	0.00
사교육 지출							−0.09***	0.01	−0.07***	0.01
절편	0.01	0.02	−2.12***	0.08	−1.35***	0.05	−0.29***	0.03	−2.54***	0.08
학업 성취 분산 설명량(R^2)	0.05		0.16		0.16		0.09		0.23	
설명량 변화(R^2 change)	–		0.11		0.12		0.04		0.19	
부모의 사회경제적 지위 효과 설명비율(%)	–		56.9		39.0		23.1		76.6	
N	13,611									

B=회귀 계수, SE=표준오차
*** $p<.001$, ** $p<.01$, * $p<.05$ (two−tailed tescs)

부록표 5.6 일반고 학생 국어 학업성취 결정요인: 2012

변수	1		2		3		4		5	
	B	SE	B	SE	B	SE	B	SE	B	SE
부모의 사회경제적 지위	0.16***	0.02	0.07***	0.01	0.14***	0.01	0.14***	0.02	0.09***	0.01
사회자본										
가족구조(양친가족)			0.17***	0.04					0.12***	0.03
형제자매 수			−0.02	0.02					−0.02	0.02
자녀에 대한 교육기대수준			0.11***	0.01					0.09***	0.01
학교생활에 대한 부모−자녀 대화			−0.08***	0.01					−0.07***	0.01
문화자본										
객관화된 문화자본					0.04***	0.01			0.02*	0.01
부모의 고급문화활동					−0.06***	0.01			−0.07***	0.01
부모의 독서 향유					0.06***	0.01			0.04**	0.01
자녀의 고급문화활동					−0.17***	0.02			−0.17***	0.02
자녀의 독서 향유					0.29***	0.01			0.25***	0.01
사교육										
사교육 지원							0.07***	0.01	0.05***	0.01
사교육 기간							0.00	0.00	0.00	0.00
사교육 지출							−0.02	0.01	−0.01	0.01
절편	0.01	0.04	−1.68	0.12	−0.67***	0.06	−0.23***	0.05	−1.94***	0.13
학업 성취 분산 설명량(R^2)	0.03		0.10		0.12		0.04		0.17	
설명량 변화(R^2 change)	–		0.07		0.09		0.01		0.15	
부도의 사회경제적 지위 효과 설명비율(%)	–		53.2		9.7		12.0		44.8	
N	11,708									

B = 회귀 계수, SE = 표준오차

*** $p<.001$, ** $p<.01$, * $p<.05$ (two−tailed tests)

CHAPTER

06

국제 비교 관점에서 본 한국사회의 교육 불평등

CHAPTER 06

국제 비교 관점에서 본 한국사회의 교육 불평등

1. 학업성취에 있어 교육 불평등 변화: 미국, 홍콩, 일본
2. 소결론

CHAPTER 06

국제 비교 관점에서 본 한국사회의 교육 불평등[1)]

4장에서 우리는 PISA 2000~2018 자료 분석을 통해 한국사회에서 학업성취도 측면에서 교육 불평등이 최근에 더 심화되었음을 확인하였다. 그리고 이러한 현상을 표준화된 교육과정에서 벗어나 학교 간 또는 학교 내 선택을 강조하는 최근의 수월성 중심 교육정책 기조와 연관지어 논의하였다. 만약 이것이 사실이라면, 수월성보다 형평성에 초점을 둔 교육개혁을 실시한 국가들의 경우는 학업성취에 있어 교육 불평등이 감소해야 할 것이다. 사실, 미국을 비롯한 세계 여러 나라는 다양한 배경을 지닌 학생들 간의 학업성취도 차이를 줄이면서 이와 동시에 전체적인 학업성취도 수준을 높이는 것을 교육정책에 있어 최우선 순위로 삼아왔다. 예를 들어, 미국의 낙오학생방지법(No Child Left Behind Act)과 같이 교육의 책무성을 강조하는 일련의 교육개혁 정책들은 취약계층 자녀들의 학업성취를 향상시키는 등의 교육의 형평성을 담보하는 데 초점을 두고 있다. 그렇다면 미국에서 학업성취에 있어 교육 불평등은 과연 어떻게 변해 왔을까? 이 장에서는 이러한 실문에 답하기 위하여 4장에서 사용했던 동일한 자료와 분석 방법을 사용하여 미국사회에서 부모의 사회경제적 지위가 자녀의 학업성취에 미치는 영향이 지난 20여 년 동안 어떻게 변해 왔는지 살펴보았다. 이에 더하여 다른 동아시아 사회인 홍콩과 일본의 사례도 추가로 분석하였다.

글상자 6.1 미국의 최근 교육개혁

1990년대 초 미국에서는 학생들이 국제학업성취도평가에서 실망스러운 결과를 보이자, 학생들의 학습수준에 대한 기준을 강화하고자 하는 움직임이 있었다.[2] 그리하여 1990년대와 2000년대 초기 미국에서는 학업 표준을 강화하고 이에 대한 평가를 강화하는 책무성 중심의 교육개혁 정책이 광범위하게 논의되었다.[3] 구체적으로, 전국수학교사협의회(National Council of Teachers of Mathematics, NCTM)는 1989년과 2000년에 수학표준을 발행 및 수정하였고,[4] 미국과학진흥협회(The American Association for the Advancement of Science, AAAS)는 과학적 소양을 위한 기준(Benchmarks for Science Literacy)을 발간하였다.[5] 이러한 문서들은 학교가 너무 많은 주제를 다루기보다 몇몇 주제를 심층적으로 다루고, 질문에 기반을 둔 방법을 활용하며, 개념을 이해하는 데 중점을 두어야 한다고 제안한다. 각 주(州)에서는 연방 차원의 이러한 제안에 근거하여 자체적인 성취수준 목표와 교육과정을 개발하고 새로운 평가 도구를 만들었으며, 교사교육을 개혁하고자 하였다.[6]
뿐만 아니라, 낙오학생방지법은 1994년에 재승인된 초중등교육법의 필수적 평가에 근거하여 2002학년도에 모든 공립학교에서 수학과 읽기 평가를 시행할 것을 요구하였다.[7] 특히 2005학년도까지 각 주에서 3~8학년 학생들을 대상으로는 수학과 읽기 과목에 대해 매년 표준화 시험을 실시하도록 하고, 10~12학년을 포함하는 전체 학생을 대상으로는 최소 1회의 표준화 시험을 실시하게 하였다. 그러나 낙오학생방지법은 각 주의 기준에 따른 엄격한 평가를 요구하면서도, 동시에 개별학교의 목표를 설정함에 있어 폭넓은 자유를 허용하였다. 또한 낙오학생방지법은 정책 결정자뿐만 아니라 일반 시민들이 각 주의 교육 기준과 평가, 수행 능력의 엄격성을 판단할 수 있도록 모든 주로 하여금 국가교육프로그램평가(NAEP)에 의무적으로 참여하도록 하였다.

한편, 교육의 책무성을 강조하는 고부담시험(high-stakes tests)에 대해 비판적인 시각을 가지고 있는 사람들은 이러한 시험으로 인해 교육과정이 평가 과목에 치중될 것이며, 교사들은 학생들이 시험을 잘 치르도록 하는 데에만 초점을 두게 될 것이라고 우려하였다.[8] 또한 고부담시험이 특히 빈곤층 및 소수 인종 학생들에게 부정적인 영향을 미칠 것이며, 중도 탈락률을 높일 것이라는 우려도 제기하였다. 이로 인해 고부담시험이 오히려 다양한 배경을 지닌 학생들 간의 학업성취도 격차를 더욱 늘릴 것이라는 우려도 있었다. 그러나 다수의 연구들은 1990년대에 실시되었던 책무성 강화 정책들이 오히려 학생들의 전반적인 학업성취도를 높이는 데 기여하였음을 보여주고 있다.[9] 또한 몇몇 실증 연구들은 필수 교육과정을 확대하는 것이 학업성취도가 높은 학생보다 학업성취도가 낮은 학생과 소수인종 학생들에게 더 긍정적인 영향을 미치고 있음을 보여주었다.[10] 요컨대, 전술한 연구들은 1990년대와 2000년대 초반에 미국에서 이루어진 표준화 기반 교육개혁이 학생들 —특히 학업성취도가 낮은 학생들과 빈곤층 학생들— 에게 보다 엄격한 교육과정을 적용함으로써 계층 간 학업성취 격차를 줄이는 데 기여하였음을 보여준다.

글상자 6.2 홍콩의 최근 교육개혁

오랫동안 영국의 식민 지배를 받아온 홍콩의 현재 교육제도는 영국 교육제도를 그 모델로 하고 있지만, 1990년대 이전에는 다른 동아시아 나라의 교육제도와 마찬가지로 표준화되어 있었다.[11] 예를 들어, 1990년 이전 홍콩의 공립학교는 한국과 비슷하게 거주지 중심으로 중·고등학교에 학생을 배정하여 학생과 학부모의 학교 선택권이 상대적으로 제한적이었다. 또한 1990년대 후반까지만 해도 홍콩의 사립학교는 대부분 재정 상황이 열악했기 때문에 학부모들 사이에서 평판이 좋지 않았다.[12] 그러나 1990년대에 접어들면서 홍콩에서도 한국과 비슷하게 학생과 학부모의 학교 선택권 강화, 새로운 유형의 사립학교 도입을 통한 학교 간 경쟁 강화를 골자로 하는 교육개혁이 이루어졌다.[13] 구체적으로, 1991년 학생과 학부모의 학교 선택권을 강화하고 학교 간 경쟁을 유도하기 위해 이른바 'Direct Subsidy Scheme(이하 DDS)' 학교를 도입하였다.[14] DDS 학교는 사립학교지만 학생 수에 따라 정부지원을 받는 학교로, 등록금이나 학생 선발, 교육과정과 관련하여 자율권을 갖는 학교이다. 특히 DDS 학교는 영어로 수업을 진행하기 때문에 학부모 사이에서 인기가 좋았다. 1997년 홍콩이 영국에서 중국으로 반환되면서 많은 중·고등학교가 중국어로만 수업하는 학교로 바뀌었고, 학업성취 상위 30%에 해당하는 학생만이 영어로 수업하는 학교에 진학할 수 있었기 때문이다. DDS의 비율은 2001년에 전체 중등학교의 5.6%였으나 2012년에는 12%로 증가하였다.[15] DDS 학교는 학생의 포트폴리오나 면접을 통해 학생을 선발하였기 때문에, 상위층 계층 자녀들이 경쟁에 유리하였다. 그리하여 DDS 학교가 계층 간 교육 기회에 있어 불평등을 심화시킨다는 비판이 제기되기도 하였다.[16] 2010년 이후에는 공립 중·고등학교에서도 영어로 수업을 가르칠 수 있도록 정책이 바뀌었다. 이에 따라 부모들이 자녀를 DDS 학교에 입학시키기 위한 경쟁과 부담이 줄었고, 이에 따라 DDS 학교를 둘러싼 계층 간 교육 불평등도 차츰 완화되었다. 실제로, TIMSS 1995~2015를 분석한 최근 연구에 따르면, 홍콩에서 학업성취에 있어 계층 간 격차는 2011년까지 증가해오다 2015년에 다시 감소한 것으로 나타났다.[17]

글상자 6.3 일본의 최근 교육개혁

2000년대 이후 일본의 교육개혁은 이전의 표준화된 교육과정 운영에서 벗어나 보다 자율적인 교육과정 운영을 강조하는 이른바 '유도리(Yutori)' 교육개혁과 이를 둘러싼 찬반 논쟁으로 특징지을 수 있다.[18] 1980년대 후반과 1990년대 초 일본 교육은 학생들이 입시위주 교육으로 인해 창의성, 독립성, 평생학습자로서의 능력을 제대로 기르지 못한다는 비판에 직면하였다.[19] 이에 따라 필수 과목에 대한 수업 일수와 시간을 줄이고, 시험 준비에 초점을 둔 전통적인 교육과정에서 탈피하여 개별 학교의 자율적 교육과정 운영을 강조하는 '유도리' 교육개혁이 2002년에 시작되었다. '유도리' 교육개혁을 통해 학생들은 보다 많은 수업에 있어 선택권을 가지고 되었고, 개별화 교육을 받는 횟수도 늘어나게 되었다. 또한 특정 교과목 중심 교육에서 벗어나 자연환경, 정보기술, 세계화 등과 같은 통합된 주제에 대해 교육을 받게 되었다. 그러나 이러한 '유도리' 교육개혁은 이후 TIMSS나 PISA와 같은 국제학업성취도 조사에서 일본 학생들의 학업성취가 다른 나라에 비해 뒤처지는 결과가 나오자 많은 비판에 직면하게 된다.[20] 특히 중상류층들은 정부가 '유도리' 교육개혁을 달성하기 위한 교육자원을 제대로 마련하지 못한 상태에서 무리하게 정책을 추진했다고 비판하였으며, 전반적으로 공교육에 대한 불신이 쌓이게 되었다.[21] 이에 따라 중상층 부모들이 자녀를 공립학교 대신 등록금이 비싼 사립학교로 보내는 경우가 많아졌다.[22] 이러한 비판에 대응하기 위해 일본의 교육개혁의 방향은 다시 학생들의 학업성취를 높이는 쪽으로 바뀌게 된다. 구체적으로, 2007년부터 표준 교과목에 있어 학생들이 반드시 배워야 하는 주제의 수와 수업 시수를 늘리고, 초등학교 6학년과 중학교 3학년 학생들을 대상으로 일본어와 수학에 대한 국가표준화시험을 시행하였다.[23] 한편 TIMSS를 사용한 최근 연구들은 계층 간 학업성취 격차가 '유도리' 교육개혁 시행 이전보다 이후에 더 커진 것으로 나타났다.[24] 그러나 2011년 이후 일본에서 계층 간 학업성취 격차가 어떻게 변화하였는지에 대해서는 잘 알려지지 않았다.

1. 학업성취에 있어 교육 불평등 변화: 미국, 홍콩, 일본

[그림 6.1]은 PISA 자료 분석을 통해 미국, 홍콩, 일본에서 부모의 사회경제적 지위와 자녀의 읽기 점수 간의 연관성이 2000년(실선)과 2009년(파선), 그리고 2018년(점선) 사이에 어떻게 변하였는지 보여준다(읽기에 대한 다른 연도 분석 결과와 수학, 과학에 대한 분석 결과는 부록표 [6.1], [6.2], [6.3] 참조). 단, 일본의 경우는 2000년에 부모의 사회경제적 지위를 나타내는 부모의 교육수준에 대한 정보가 빠져 있어, 2000년 대신 2003년 코호트를 분석에 포함하였다. 4장에서 설명한 바와 같이, 그림에서 기울기는 각 코호트에서 유사한 부모의 사회경제적 지위를 가진 자녀들의 (예측된) 평균 읽기 점수를 나타낸다. 따라서 기울기가 가파를수록 부모의 사회경제적 지위가 자녀의 읽기 점수에 미치는 영향이 커지는 것, 즉 학업성취에 있어 교육 불평등이 심화됨을 의미한다.

[그림 6.1]에서 보듯, 미국의 경우 2018년 코호트의 기울기는 2000년과 2009년 코호트에 비해 상대적으로 덜 가파르다. 이는 같은 기간 한국과 달리 미국의 경우 부모의 사회경제적 지위에 따른 자녀의 읽기 점수 격차가 2000년과 2018년 사이에 감소하였다는 것을 의미한다. 홍콩의 경우, 2000년에 비해 2009년에 기울기 정도가 다소 완만해졌으나 2018년에는 오히려 다시 2000년과 같은 양상으로 회귀하였다. 일본의 경우도 2003년과 2009년 코호트의 기울기 자체는 거의 차이가 없었다. 다만 부모의 사회경제적 지위와 상관없이 자녀의 평균 읽기 점수가 2003년에 비해 2009년에 소폭 상승하였다. 2018년 코호트의 경우 2003년과 2009년에 비해 기울기가 완만해졌다. 특히 주목할 점은 부모의 사회경제적 지위가 낮은 자녀들의 학업성취가 2003년에 비해 높아졌다는 것이다.

그림 6.1 부모의 사회경제적 지위가 자녀의 읽기 점수에 미치는 영향: 미국, 홍콩, 일본

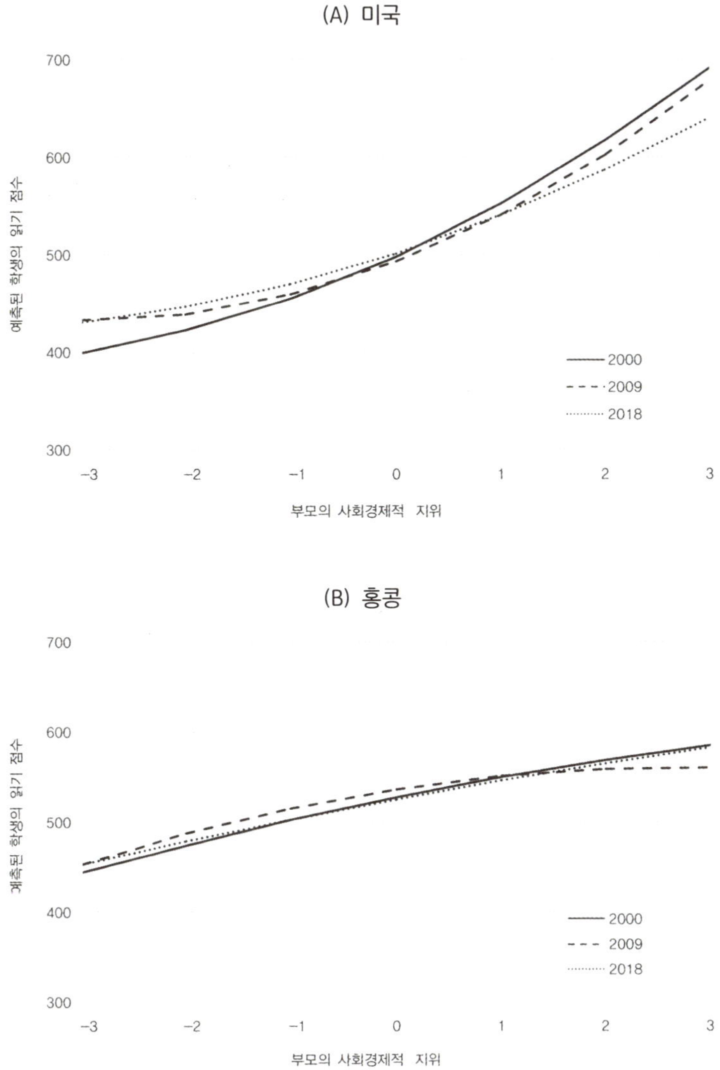

(C) 일본

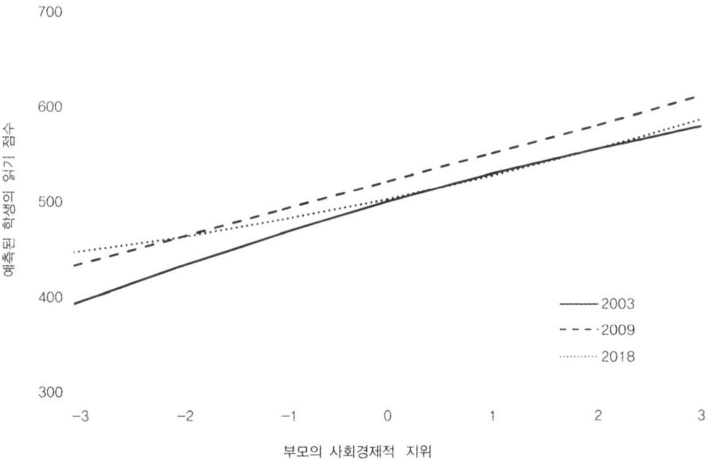

자료: PISA 2000(미국, 홍콩), 2003(일본), 2009, 2018.

각국의 이러한 계층 간 학업성취 격차의 감소 추세를 보다 쉽게 설명하기 위하여 [그림 6.2]에서는 부모의 사회경제적 지위를 빈곤층(하위 2.5%), 중간층(50%), 상위층(상위 2.5%)으로 나누어 해당 계층 자녀들의 평균 읽기 점수를 PISA 주기별로 제시하였다.[25] 그림에서 보는 바와 같이, 미국의 경우 2000년에 빈곤층과 상위층 자녀의 읽기 점수 차이는 194점이었으나, 2009년에는 159점, 2018년에는 140점으로 점차 감소하였다. 특히 주목할 점은 빈곤층 자녀의 읽기 점수가 2000년 422점에서, 2018년 447점으로 25점이 향상되었다는 것이다. 이와는 대조적으로, 상위층 자녀의 읽기 점수는 2000년 616점에서 2018년 586점으로 30점 감소하였다. 홍콩의 경우, 2000년에 빈곤층과 상위층 자녀의 읽기 점수 차이는 94점이었으나, 2009년에는 72점으로 감소하다, 2018년에는 86점으로 다시 증가하였다. 빈곤층 자녀의 읽기 점수는 2000년 475점에서, 2018년 478점으로 3점 증가한 반면, 상위층 자녀의 읽기 점수는 2000년 569점에서 2018년 565점으로 4점이 감소하였다.

마지막으로, 일본의 경우 2003년에 빈곤층과 상위층 자녀 간의 읽기 점수 차이는 124점이었으나, 2009년에는 119점, 2018년에는 92점으로 감소하였다. 흥미로운 것은 빈곤층 학생들의 읽기성취도가 향상되었다는 점이다. 구체적으로, 빈곤층 자녀의 읽기 점수는 2003년 431점에서, 2009년과 2018년에는 462점으로 상승하였다.

그림 6.2 계층 간 읽기 점수 차이 변화: 미국, 홍콩, 일본

(A) 미국

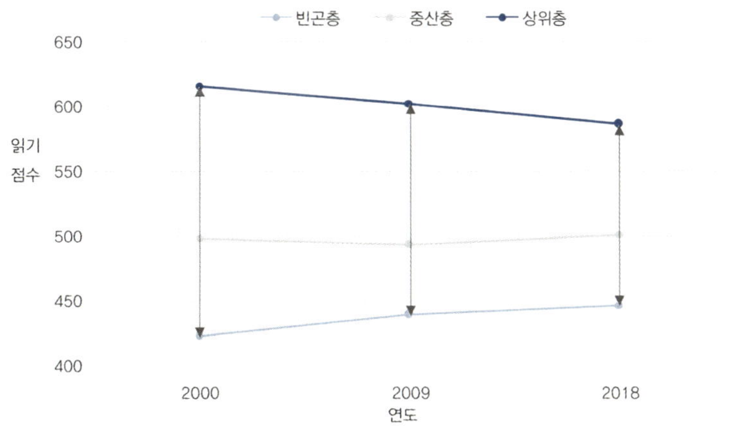

(B) 홍콩

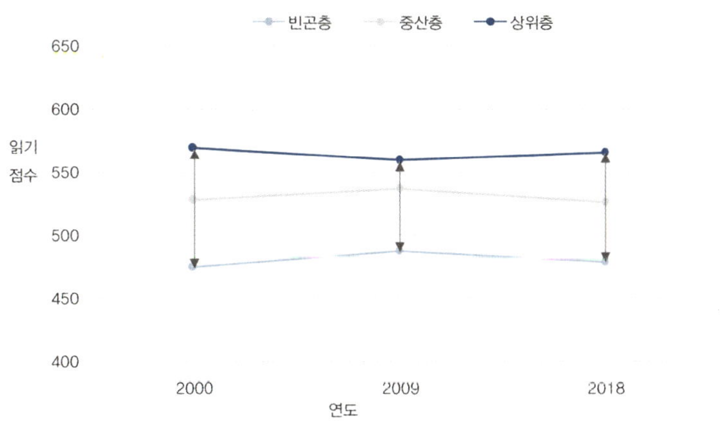

(C) 일본

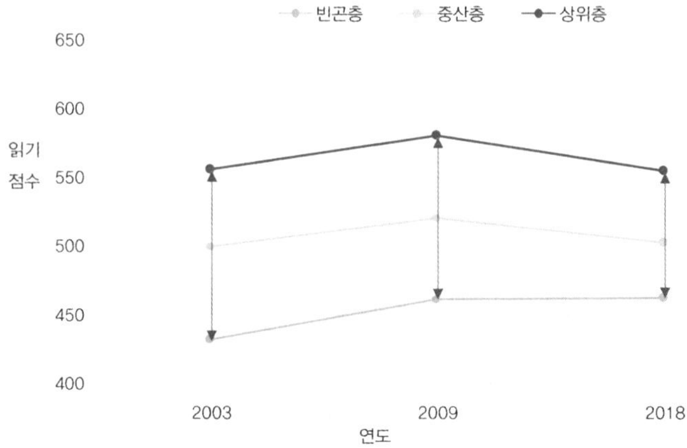

자료: PISA 2000(미국, 홍콩), 2003(일본), 2009, 2018.

마지막으로, [그림 6.3]은 한국, 미국, 홍콩, 일본의 빈곤층과 상위층 자녀의 학업성취 격차가 2000년에서 2018년 사이에 어떻게 변화하였는지를 보다 극명하게 보여준다. 그림에서 보듯, 2000년에 빈곤층과 상위층 자녀간의 학업성취 격차가 가장 큰 국가는 미국이었다. 그러나 2018년에는 한국이 계층 간 가장 큰 학업성취 격차를 보이고 있다. 이러한 미국과 한국의 대조적인 변화 추세는 TIMSS를 활용한 변수용과 김경근의 연구(2010)와도 일치한다.[26]

그림 6.3 빈곤층과 상위층 자녀의 읽기 점수 차이 변화: 한국, 미국, 홍콩, 일본

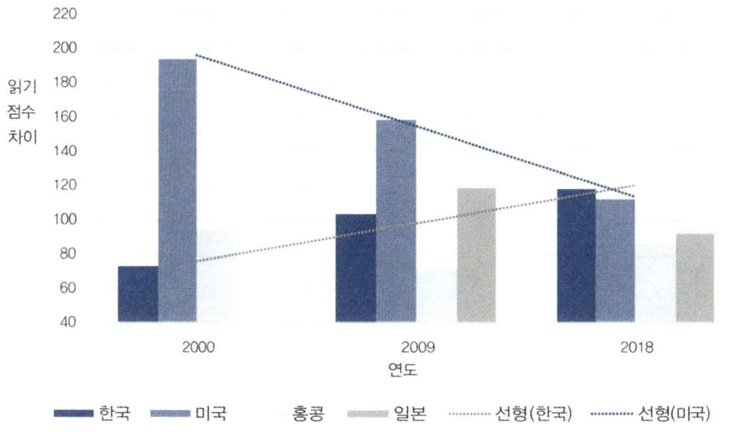

자료: PISA 2000, 2009, 2018.

2. 소결론

이 장에서는 2000~2018 PISA 자료를 사용하여 미국, 홍콩, 일본에서 부모의 사회경제적 지위가 자녀의 읽기 점수에 미치는 영향이 어떻게 변화하였는지 살펴보았다. 그 결과, 한국과 달리 미국, 홍콩, 일본의 경우 계층 간 학업성취 격차가 증가하는 양상을 보이지 않았다. 오히려 정도의 차이는 있으나 미국과 일본의 경우 지난 20여 년간 계층 간 학업성취 격차가 전반적으로 감소하였다. 특히 미국의 경우, 한국과는 대조적으로 지난 20여 년간 빈곤층과 상위층 자녀의 학업성취 격차가 크게 줄어들었다. 학업성취 측면에서의 불평등이 국가마다 다른 양상을 보이는 것은 국가 간의 다양한 사회, 경제, 문화적 차이에 기인한 것일 수 있다. 그러나 우리는 여러 요인 가운데 각 나라가 채택하고 있는 서로 다른 교육개혁 전략에 주목하였다. 특히 미국의 경우 계층 간 학업성취 격차가 감소하고 있는 것은 지난 20여 년간 학교 간 및 학교

내의 교육 격차를 줄이기 위해 추진해 온 정책적 노력의 결과일 수 있다. 반면, 4장에서 논의한 바와 같이 한국사회에서 계층 간 학업성취 격차가 증가하고 있는 것은, 같은 기간 형평성에 초점을 둔 교육정책에서 탈피하여 학교 선택권 확대, 교육과정의 차별화 등 수월성에 초점을 둔 교육정책을 추진해 온 결과일 수 있다.[27] 요컨대, 교육정책의 방향을 어디에 두느냐에 따라 국가 내 학업성취 측면에서의 불평등은 완화 혹은 심화될 수 있다.

부록표 6.1 부모의 사회경제적 지위가 자녀의 학업성취에 미치는 영향에 대한 회귀분석 결과: 미국

영역/코호트	절편	표준오차	부모의 사회경제적 지위 회귀계수	표준오차	부모의 사회경제적 배경 제곱항 회귀계수	표준오차	설명량 R^2(%)
읽기							
2000	498.41	5.20	48.50	3.27	5.24	1.62	18.1
2003	492.39	2.92	39.63	2.03	2.95	1.14	14.5
2006	†		—				
2009	493.14	2.85	40.74	2.44	6.93	1.20	15.0
2012	491.27	3.51	35.62	2.28	7.69	1.40	11.6
2015	494.19	3.39	27.94	2.65	2.95	1.27	6.9
2018	501.51	3.54	34.93	2.31	3.73	1.30	9.3
수학							
2000	†						
2003	478.04	2.70	40.43	1.75	4.95	1.11	16.2
2006	469.86	3.49	39.20	2.66	5.58	1.22	16.2
2009	481.15	2.86	38.96	2.24	6.48	1.10	15.5
2012	474.67	3.23	37.73	2.15	8.16	1.36	13.6
2015	465.81	3.08	30.58	1.96	4.03	1.07	10.2
2018	473.52	3.12	34.78	2.01	4.60	1.20	12.3
과학							
2000	†						
2003	†						
2006	483.86	3.63	45.35	2.97	6.31	1.47	15.6
2009	496.12	2.88	40.71	2.57	6.13	1.17	14.9
2012	492.01	3.40	36.89	2.38	6.84	1.40	12.3
2015	492.47	3.18	31.12	2.14	3.99	1.18	8.5
2018	497.61	3.18	32.37	2.01	4.65	1.27	9.1

자료: PISA 2000, 2003, 2006, 2009, 2012, 2015, 2018.
—: 다른 코호트와 점수 비교 불가
†: 시험 책자의 출력 오류로 인해 분석 불가

부록표 6.2 부모의 사회경제적 배경이 자녀의 학업성취에 미치는 영향에 대한 회귀분석 결과: 홍콩

영역/코호트	절편	표준오차	부모의 사회경제적 배경 회귀계수	표준오차	부모의 사회경제적 배경 제곱항 회귀계수	표준오차	설명량 R^2(%)
읽기							
2000	527.44	2.74	23.51	2.31	−1.44	1.32	8.0
2003	512.52	3.79	20.01	2.12	−2.51	1.29	5.6
2006	537.51	2.46	19.22	2.16	−1.20	1.18	5.7
2009	536.69	2.35	17.93	2.00	−3.34	1.23	5.0
2012	545.68	2.70	18.83	2.30	−1.12	1.33	5.0
2015	527.54	2.66	17.93	2.10	−0.70	1.17	4.6
2018	525.53	2.87	21.58	2.10	−0.86	1.28	5.0
수학							
2000	—						
2003	553.05	4.59	26.43	2.44	−2.04	1.46	7.0
2006	546.88	2.67	21.32	2.34	0.84	1.31	5.3
2009	555.81	2.95	23.46	2.25	−1.10	1.42	6.3
2012	559.68	2.94	25.87	2.49	1.46	1.44	7.3
2015	547.29	3.09	20.60	2.21	0.79	1.28	5.3
2018	551.83	3.06	20.80	2.16	−0.33	1.27	5.2
과학							
2000	—						
2003	—						
2006	542.29	2.76	20.95	2.08	0.18	1.28	5.3
2009	551.14	2.94	19.27	2.16	−1.94	1.26	5.1
2012	555.15	2.52	20.15	2.27	−0.26	1.31	6.0
2015	523.26	2.66	16.85	1.74	0.16	1.07	4.5
2018	515.45	2.41	19.58	1.88	1.50	1.14	5.1

자료: PISA 2000, 2003, 2006, 2009, 2012, 2015, 2018.

—: 다른 코호트와 점수 비교 불가

부록표 6.3 부모의 사회경제적 배경이 자녀의 학업성취에 미치는 영향에 대한 회귀분석 결과: 일본

영역/코호트	절편	표준오차	부모의 사회경제적 배경 회귀계수	표준오차	부모의 사회경제적 배경 제곱항 회귀계수	표준오차	설명량 R^2(%)
읽기							
2000	†						
2003	499.97	3.93	31.01	2.72	−1.65	1.51	9.0
2006	501.29	3.56	27.19	2.07	−2.45	1.15	7.8
2009	520.64	3.30	29.63	2.28	0.07	1.19	8.8
2012	538.54	3.45	26.35	2.78	−0.17	1.05	7.3
2015	515.77	3.00	28.20	1.75	1.02	0.96	9.0
2018	502.37	2.70	23.07	2.29	1.54	1.07	5.3
수학							
2000	—						
2003	534.57	3.85	32.73	2.99	−0.21	1.61	10.7
2006	524.56	3.21	27.57	1.88	−0.59	1.00	9.5
2009	529.07	3.15	28.53	2.23	0.73	1.09	9.1
2012	535.59	3.21	28.85	2.82	1.15	1.03	9.3
2015	530.85	3.04	29.65	1.57	2.45	0.98	10.5
2018	526.10	2.49	23.00	2.28	0.93	0.96	6.8
과학							
2000	—						
2003	—						
2006	534.77	3.40	26.91	1.89	−2.51	1.20	8.1
2009	540.49	3.27	26.99	2.27	−0.28	1.22	7.5
2012	546.60	3.46	24.74	2.90	0.43	1.05	6.7
2015	537.41	2.88	27.86	1.60	1.80	0.91	8.4
2018	527.86	2.70	20.55	2.24	1.32	1.06	4.7

자료: PISA 2000, 2003, 2006, 2009, 2012, 2015, 2018.

—: 다른 코호트와 점수 비교 불가

†: 부모 교육에 대한 정보 누락으로 인해 회귀 계수 산출 불가

CHAPTER

07

결론:
한국사회, 교육 불평등은 심화되었는가?

CHAPTER 07

결론: 한국사회, 교육 불평등은 심화되었는가?

한국사회에서 교육 불평등은 심화되었는가? 이 물음에 답하기 위해 이 책에서는 부모의 사회경제적 지위와 자녀의 교육 결과와의 연관성이 어떻게 변해 왔는지 분석하였다. 이때 자녀의 교육 결과는 교육성취(educational attaintment)와 학업성취(academic achievement) 측면을 나누어 고려하였다. 교육성취는 고졸이나 4년제 대졸과 같이 개인이 획득한 교육 수준, 즉 최종학력으로 측정될 수 있으며, 학업성취는 수능과 같은 표준화된 시험 점수나 학교 내신 성적으로 측정될 수 있다. 교육성취에 있어서 불평등은 상급학교 진학에서의 계층 간 교육기회 격차를 의미한다는 점에서 수직적(vertical) 또는 양적(quantitative) 측면의 불평등을 의미한다. 반면, 학업성취에서 나타나는 불평등은 같은 학교급 내에서의 계층 간 학업성취 격차를 의미한다는 점에서 수평적(horizontal) 또는 질적(qualitative) 측면의 교육 불평등을 의미한다.

이러한 구분을 토대로, 3장에서는 양적 측면에서의 교육 불평등 변화 추이를 살펴보기 위하여 교육과 사회계층이동 조사와 인구총소사

자료를 이용하여 1950~1982년 사이의 출생 코호트를 대상으로 아버지 학력과 자녀의 학력 간의 연관성을 분석하였다. 그 결과, 학력의 절대적 가치와 상대적 가치 측면 모두에서 아버지 학력이 자녀의 학력에 긍정적인 영향을 미치고 있었지만, 그 영향력이 최근으로 올수록 증가되는 뚜렷한 경향은 발견되지 않았다. 다시 말해, 학력의 절대적 가치를 고려하든 상대적 가치를 고려하든 한국사회에서 양적 측면에서의 교육 불평등은 과거와 현재에도 존재하지만, 과거에서 현재로 올수록 심화되었다는 증거는 발견되지 않았다. 이러한 결과는 본서 시리즈 1권과 3권의 결론과 궤를 같이 한다.

4장에서는 질적 측면에서의 교육 불평등 변화 추이를 살펴보기 위하여 PISA 2000~2018 자료를 이용하여 부모의 사회경제적 지위가 자녀의 학업성취에 미치는 영향의 변화를 분석하였다. 그 결과, 부모의 사회경제적 지위가 자녀의 학업성취에 미치는 영향은 2000년에 비해 2018년에 더 큰 것으로 나타났다. 이러한 결과는 한국사회에서 질적 측면의 교육 불평등이 적어도 2000년부터 2018년 기간 동안에는 증가하였음을 의미한다. 단, PISA 자료 분석 결과와 교차 검증할 수 있는 자료가 없기 때문에 이러한 결론은 확정적이기보다는 유보적이다. 또한 2000년 이전 시기에 대해서는 부모의 사회경제적 지위와 자녀의 학업성취 간의 연관성을 검증할 만한 자료가 체계적으로 구축되어 있지 않기 때문에 2000년 이전의 계층 간 학업성취 격차 추이 변화에 대해서는 파악할 수 없었다.

이러한 연구의 제한점에도 불구하고 이 책은 한국사회의 교육 불평등은 양적인 측면과 질적인 측면에서 다른 양상을 나타나고 있음을 실증적으로 보여준다. 기실, 한국사회는 교육 기회의 급속한 팽창으로 대학교육까지 대중화 단계로 들어섰다. 이에 따라 비록 대학 진학에 있어 여전히 계층 간의 차이가 존재하지만 많은 사람들이 교육 기회 팽창의 혜택을 누리게 되었다. 그러나 EMI 가설의 주장처럼 교육 기회가 팽창하게 되면서 계층 간 교육 불평등은 상급학교 진학 여부보다 동일한 학교급 내에서의 차별적 교육 기회 향유라는 양상으로 나타나게 되었다. 특히 한국사회의 차별적 교육 기회는 고등학교 진학 단계에서는 특목고, 자사고, 일반고, 특성화고를 중심으로, 대학 진학 단계에서는 2년제와 4년제 대학을 중심으로, 그리고 4년제 대학 중에서도 세칭 SKY 대학, 인서울 대학, 지방 대학들을 중심으로 나타나고 있다. 이와 관련하여 최근 학부모들 사이에서 '영어유치원－사립초－국제중－특목고－명문대'[1) 혹은 '영어유치원－영재교육원－영재 · 과학고－명문대'[2)의 과정을 거치는 것이 한국사회의 엘리트 코스로 인식되고 있는 것도 질적 차원의 교육 불평등이 심화되고 있는 현상과 무관하지 않다.

그렇다면 최근에 한국사회에서 질적 차원의 교육 불평등이 증가한 이유는 무엇일까? 4장에서 논의한 바와 같이 먼저 사회경제적 측면에서 1997년 외환 위기로 심화된 소득 양극화 현상을 생각해 볼 수 있다. 한국사회에서 소득 양극화는 학생의 사교육 기회에 대한 격차로 이어져 교육 불평등을 심화시키는 요인으로 작용할 수 있다. 실제로 5장에서 보여준 바와 같이, 사교육은 모든 학교급에서 학업성취의 중요한 결정요인이었다. 다음으로, 인구학적 차원의 변화로 이혼율 증가로 인한 한부모가정의 증가, 출산율 감소, 다문화 가정의 증가를 생각해 볼 수 있다. 이는 곧 가정 내 사회자본의 변화와 연결지어 생각해 볼 수 있다. 5장에서 가족구조나 형제자매 수와 같은 가정 내 사회자본 관련 요인들은 모든 학교급에서 부모의 사회경제적 지위가 자녀의 학업성취에 미치는 영향을 가장 잘 설명하는 요인이었다.

마지막으로 교육 제도적 변화를 생각해 볼 수 있다. 과거 한국사회의 교육정책은 국가표준교육과정을 강조하는 등 교육의 형평성을 담보하는 데 초점을 두었다. 그러나 1990년대 중반 이후부터는 교육에서의 수월성이 세계화된 시장에서 국가 경쟁력을 높이기 위한 핵심적인 요인으로 논의되기 시작하면서, 교육정책의 기조는 평등주의적 접근법에서 시장원리를 강조하는 신자유주의적 접근법으로 바뀌게 되었다. 학교 선택권 강화라는 명목으로 2011년부터 서울 지역 고교평준화는 해제되었고, 자사고와 특목고의 수가 전국적으로 크게 증가하였다. 그러나 학교 선택권의 확대와 교육과정의 차별화는 특히 저소득층 학생들과 학업성취가 낮은 학생들의 교육기회를 제한하는 요인으로 작용하여 결과적으로 교육 불평등을 심화시키는 요인으로 작용할 수 있다. 이와 관련하여 6장에서는 전반적으로 수월성에 초점을 두고 있으나, 최근 형평성을 강조하는 정책을 실시하고 있는 미국과 학업성취에 있어 교육 불평등 추이를 직접적으로 비교해 보았다. 그 결과, 2000년부터 2018년 사이에 미국에서 부모의 사회경제적 지위가 자녀의 읽기 성취에 미치는 영향이 전반적으로 감소하는 것으로 나타나, 한국의 교육 불평등 변화 추이와는 정반대의 양상을 보였다.

그렇다면 미래 한국사회의 교육 불평등은 어떻게 변할 것인가? 속단하기에는 이르지만 이 책의 결론을 토대로 예측한다면, 오늘날과 같은 학교 선택권 확대, 교육과정의 차별화 등 교육의 수월성에 초점을 둔 교육정책 기조가 계속 이어질 경우 미래 한국사회에서 질적 차원에서의 교육 불평등은 낮은 학교급으로 이동하여 더욱 심화될 것이다. 반대로, 공통 교육과정의 강화, 공립학교 교사 순환제 등 학교 간 교육 격차를 줄이기 위한 정책적 노력이 지속된다면 미래 한국사회에서 교육 불평등의 양상은 달라질 수 있을 것이다. 교육 제도나 정책의 변화만으로 교육 불평등을 완전히 해소할 수는 없겠지만, 그래도 교육 제도와 정책에서 미래 한국사회의 교육 불평등의 해결책을 찾는 이유가 바로 여기에 있다.

▌미주

서 문

1) Lutz, Butz, and KC, 2014.

2) 최중혁, 2016.

3) Lee, Kim, & Byun, 2012; Byun & Kim, 2010.

4) OECD, 2010.

5) Baker, 2018; Byun, Chung, and Baker, 2018.

제 1 장

1) 이 글은 연세대학교 사회과학연구소의 『사회과학논집』 제47권 2호 (2016년 11월)에 게재된 원고("한국사회 고등학생의 기회불평등의식")의 일부를 수정·보완한 글이다.

2) 박환보, 2015.

3) 통계청, 1995.

4) OECD, 2012.

5) 교육불평등 확대에 대한 학계의 실증적 연구로는 장상수(2015), 변수용·김경근(2008), 김은정(2007) 김경근(2005), 방하남·김기헌(2002), Park(2013), Byun & Kim(2010) 등을 참고.

6) 설문조사결과에 대한 자세한 내용은 동그라미재단(2016)을 참고함.

7) Raftery & Hout, 1993.

8) Shavit & Blossfeld, 1993.

9) Breen et al., 2009.

10) Gerber & Cheung, 2008.

11) Lucas, 2001.

12) Bowles & Gintis, 1976.

13) Bowles & Gintis, 1976: 266.

14) Coleman et al., 1966.

15) Sorensen & Morgan, 2000; Giddens, 1997.

16) 최근 한국의 교육과 사회이동에 대한 연구 결과를 정리한 글은 장상수(2015)를 참고.

17) 신종호 외, 2010.

18) 이것은 한국언론진흥재단이 빅데이터 분석기술을 활용하여 신문기사에 등장한 단어간 연관성을 정리한 결과이다. 여기에서 '연관성'이란 해당 시기에 등장한 단어들의 빈도 등을 가중치로 처리하고 이를 기초로 '의미적' 유사도를 제시한 것이다. 자세한 내용은 한국언론진흥재단의 해당 사이트(www.bigkinds.or.kr) 참고.

제 2 장

1) 김영화, 2015; 김기석 · 박환보, 2010.

2) 한국의 가정배경과 자녀교육에 대한 실증적 사례연구는 참고문헌에 정리된 바와 같이 매우 많으며, 대표적으로 변수용 · 김경근(2008), 방하남 · 김기헌(2002), 장상수(2000) 등을 참고함.

3) 이종재 · 김성기 · 김왕준 · 김영식, 2010, pp. 51~52; 김영화, 1993.

4) 미군정기 등 해방 후 초동교육제도의 변화에 대해서는 최광만(2010)과 이길상(2007)을 참고함. 이 시기의 취학률에 대한 수치는 자료에 따라서 약간 상이하지만, 1945년을 전후하여 초 · 중등학교 취학률이 증가한 것은 공통적인 연구결과이다. 이에 대한 자세한 논의는 오성철(2000), 김기석 외(1996) 등을 참고함.

5) 이길상, 2007, p. 469.

6) 중고등학교의 입시제도 변화 및 진학률에 대해서는 오성철(2015)과 이종재 · 김성기 · 김왕준 · 김영식(2010)을 참고함.

7) 교육개혁위원회, 1997.

8) 김영화, 2015, p. 268.

9) 김영화, 1993.

10) 윤정일 외, 1996; 박환보, 2015, pp. 161~163.

11) 교육인적자원부, 1995.

12) 교육재정과 관련한 제도에 대해서는 허경철(2008)과 이종재 · 김성기 · 김왕준 · 김영식(2010)을 참고함.

13) 김영화, 2010, pp. 314~315.

14) 대학교육연구소, 2013.

15) 1인당 공교육비 등 교육재정에 대한 통계는 통계서비스 DB (http://kess.kedi.re.kr/index)를 참고함.

16) 한국의 교육열 및 사교육 열풍 등에 대한 사회학과 교육학계의 논의는 오욱환(2014), 최광만(2010), 김영화(1993), 최종철(1989) 등을 참고함.

17) 최종철, 1989, p. 403에서 재인용.

18) 김경근, 2001.

19) 김기헌, 2007.

20) 김천기, 2012.

21) 한국직업능력개발원, 2015.

22) 부모의 교육에 관한 정보를 모두 알 수 있는 경우에는 부의 학력을, 부모 가운데 1인의 정보만을 알 수 있는 경우에는 1인의 정보를 기초로 부모의 학력을 구성한다.

제 3 장

1) 이 장의 초고는 2015년 12월 한국사회학회 후기사회학대회에서 발표되었다.

2) 문수연, 2016; 박병영 · 김미란 · 김기헌 · 류기락, 2011; 방하남 · 김기헌, 2003; 장상수, 2000; 최성수 · 이수빈, 2018; Park, 2007.

3) 문수연, 2016; 장상수, 2000; Park, 2003.

4) 박병영 · 김미란 · 김기헌 · 류기락, 2011; 방하남 · 김기헌, 2003.

5) 최성수 · 이수빈, 2018.

6) 예를 들어, 부모의 사회경제적 지위의 경우 장상수(2000)와 문수연(2016)은 각각 EGP(Erikson－Goldthorpe－Portocarero)와 라이트(Wright)의 계급 분류를 토대로 범주형 변수로 측정하였고, 방하남 · 김기헌(2003), 박병영 · 김미란 · 김기헌 · 류기락(2011), Park(2007)은 Socioeconomic Index(SEI)를 사용하여 연속 변수로 측정하였다. 한편, 부모 학력의 경우 장상수(2000), 방하남 · 김기헌(2003), Park(2003)은 교육연수로 측정하였으며, 최성수 · 이수빈(2018)은 고졸, 대졸 여부와 같은 범주형 변수로 측정하였다.

7) 문수연, 2016; 박병영 · 김미란 · 김기헌 · 류기락, 2011; 방하남 · 김기헌, 2003; 장상수, 2000; Park, 2007.

8) Park & Shavit, 2016.

9) 최성수 · 이수빈, 2018; Park & Shavit, 2016.

10) 박병영 · 김미란 · 김기헌 · 류기락, 2011.

11) Park & Shavit, 2016.

12) Tam, 2016.

13) Tam, 2016.

14) 문수연, 2016; 장상수, 2000; Park, 2003; 또한 Hannum, Ishida, Park, and Tam 2019 참조.

15) 이 장에서는 순서적 로지스틱 회귀 분석이나 구간회귀분석을 통해 출생 코호트에 따른 회계 계수를 오즈비로 전환한 값의 크기를 비교하였다. 이러한 접근법은 비선형확률모형(nonlinear probability model)에 기반 한 것으로, 추정치는 동일 표본 내에서만 크기의 상대적 비교가 가능하고 상이한 표본들 간에는 비교가 불가능하다는 비판이 있다(Breen, Karlson, and Holm, 2018). 따라서 본 연구 결과 해석에 각별한 주의가 필요하다. 대안적인 방법과 관련해서는 Breen, Karlson, and Holm(2018)을 참조.

16) 김경락, 2015; 이성균, 2016; 조혜경 · 윤정민, 2015.

제 4 장

1) 이 장의 초고는 2016년 서울국제교육포럼에서 발표되었다.

2) 박현정 외, 2011.

3) 선행연구에 따르면, 고등학교 졸업 직후 미진학자로 분류된 학생들은 대학 진학을 아예 포기한 것이 아니라, 재수 혹은 편입을 선택하는 경향이 매우 강하다(김경근 · 변수용, 2006; 김성식, 2008; 변수용 · 김경근, 2010).

4) 김기헌, 2004; 방하남 · 김기헌, 2002; 변수용 · 주영효, 2012; 변수용 · 황여정 · 김경근, 2012; 장상수, 2007; Byun & Park, 2017.

5) 김경근 · 변수용, 2006; 방하남 · 김기헌, 2002, 2003; 변수용 · 김경근, 2010; Byun & Park, 2017.

6) 변수용 · 김경근, 2010; 변수용 · 황여정 · 김경근, 2012; 문수연, 2016; 최성수 · 이수빈, 2018.

7) 변수용 · 안지빈 · 정희진, 2017; 변수용 · 정희진, 2016; 변수용 · 정희진 · 안지빈, 2018.

8) 김경근 · 변수용, 2006; 변수용 · 김경근, 2010; 변수용 · 황여정 · 김경근, 2012; 문수연, 2016; Byun & Park, 2017.

9) 장상수, 2016; Byun & Kim, 2010; Willms, 2003.

10) Byun & Kim, 2010; Willms, 2003.

11) 김경근 · 변수용, 2007; 김현주 · 이병훈, 2007; 변수용 · 김경근, 2008a, 2008b; 장상수, 2000; Byun, Schofer, and Kim, 2012; Park, Byun, and Kim, 2011.

12) Byun & Kim, 2010.

13) 장상수, 2016; Byun & Kim, 2010; Willms, 2003.

14) 2000년 코호트는 2009년과 2018년 코호트의 b_1에 해당하는 SES 회귀 계수의 차이 z 검증으로 99% 신뢰수준에서 통계적으로도 유의하다. 그러나 2009년과 2018년 코호트의 b_1은 95% 신뢰수준에서 통계적으로 유의하지 않았다.

15) 장상수, 2016; Byun & Kim, 2010.

16) e－나라지표(http://www.index.go.kr).

17) e－나라지표(http://www.index.go.kr).

18) Byun, 2014; Park, Byun, and Kim 2011.

19) e－나라지표(http://www.index.go.kr).

20) e－나라지표(http://www.index.go.kr).

21) e－나라지표(http://www.index.go.kr).

22) Kim & Lee, 2002.

23) Byun, Kim, and Park, 2012.

24) Kim & Lee, 2002.

25) 변수용 · 주영효, 2012.

26) 변수용 · 주영효, 2012.

27) 황여정, 2010.

28) 장상수, 2016; Byun, Kim, and Park, 2012; Park, 2013.

29) Bodovski et al., 2017, 2020; Dupriez & Durnay, 2006; Duru－Ballet & Suchaut, 2005; Hanusheck & Woessmann, 2006; Marks, 2005; 또한 Van de Werfhorst & Mijs, 2010 참조.

30) Gamoran 1996, 2009.

제 5 장

1) Bourdieu, 1977.

2) Coleman, 1988.

3) Bourdieu, 1977.

4) Park, Byun, and Kim, 2011.

5) 김두환, 2008.

6) Coleman, 1988.

7) Byun, Meece, Irvin, and Hutchins, 2012; Crosnoe, 2004; Israel, Beaulieu, and Hartless, 2001; McNeal, 1999; Kim & Schneider, 2005; Parcel & Dufur, 2001, 2009.

8) 김경근, 2000; 김두환, 2008; 백병부 · 김경근, 2007; 백병부 · 김정숙, 2014; 한세리 · 김안나, 2018.

9) 김향신 · 심재휘 · 김경근, 2018.

10) 김경근, 2000; 백병부 · 김경근, 2007; 백병부 · 김정숙, 2014; 한세리 · 김안나, 2018.

11) 김두환, 2008; 변수용 · 김경근, 2008.

12) Bourdieu, 1997; DiMaggio, 1982; De Graaf, 1988.

13) Bourdieu, 1997.

14) Bourdieu, 1997.

15) DiMaggio, 1982; Lamont & Lareau, 1988, Lareau, 1987; Lareau & Horvat, 1999.

16) Lareau, 1987.

17) Bourdieu, 1997; DiMaggio, 1982; De Graaf, 1988.

18) 김경근 · 변수용, 2007; 변수용 · 김경근, 2008; Byun, 2007; Byun & Pong, 2016; Byun, Schofer, and Kim, 2012; Yamamoto & Brinton, 2010.

19) 장미혜, 2001; 조돈문, 2005; 최샛별, 2014.

20) 김경근 · 변수용, 2007.

21) Byun & Pong, 2016; Byun, Schofer, and Kim, 2012.

22) Byun, Schofer, and Kim 2012.

23) 김경근 · 변수용, 2007; De Graaf, 1986; De Graaf et al., 2000.

24) 김경근 · 변수용, 2007; De Graaf, 1986; De Graaf et al., 2000.

25) 변수용 · 정희진 · 안지빈, 2018, p.133에서 재인용.

26) 변수용 · 정희진 · 안지빈, 2018; 오욱환, 2000; 최샛별, 2003; 최샛별 · 최유정, 2011; Byun, Schofer, and Kim, 2012.

27) 이종재 · 장효민, 2008.

28) Byun, Chung, and Baker, 2018.

29) 김태일, 2004; 최형재, 2007; Byun, 2014.

30) Park, Byun, and Kim 2011.

31) Park, Buchmann, Choi, and Merry, 2016 참조.

32) 이종태 외, 2002; 최형재, 2007.

33) Byun, 2014.

34) 김태일, 2005.

35) Byun, 2014.

36) Byun, 2014.

제 6 장

1) 이 장의 초고는 2016년 서울국제교육포럼에서 발표되었다.

2) Chaney, Burgdoft, and Atash, 1997; Clune & White, 1992.

3) Carnoy & Loeb, 2002; Hanushek & Raymond, 2005; Jacob, 2005.

4) Heubert & Hauser, 1999; McNeil, 2000.

5) National Science Board, 2006.

6) National Science Board, 2006.

7) AAAS, 1993.

8) NCTM, 1989, 2000.

9) Phillips & Flashman, 2007.

10) National Science Board, 2006.

11) Lam, Byun, and Lee, 2019.

12) Tse, 2008.

13) Education & Manpower, 2003; Education Bureau, 2012; Lam, Byun, and Lee, 2019에서 재인용.

14) Tse, 2008.

15) Byun & Pong, 2014.

16) Cheung, Randall, and Tam, 2005; Tse, 2008.

17) Byun & Pong, 2014.

18) Lin, 2018; Mori, 2016.

19) Lin, 2018.

20) Kariya & Rosenbaum, 1999.

21) Kariya & Rosenbaum, 1999.

22) Tsuneyoshi, 2004.

23) Kariya, 2010, 2011; Tsuneyoshi, 2004.

24) Kariya, 2010, 2011; Park, 2003; Tsuneyoshi, 2004.

25) 빈곤층과 상위층은 표준화한 부모의 사회경제적 지위 지표의 ±2 표준편차 각각 해당한다.

26) 단, 미국에서 수행된 몇몇 연구는 지난 40년간 소득에 따른 학업성취도 격차가 확대되었다고 보고하고 있어, 이 장의 분석 결과와 대조를 이룬다. TIMSS나 PISA 자료의 경우 가계소득에 대한 정보를 포함하고 있지 않기 때문에 이들 선행연구 결과와 직접적인 비교는 불가능하지만, 가구소득을 고려하지 않은 이 장의 결과 해석에 각별한 주의가 필요하다. 미국에서 수행된 연구는 Reardon(2011) 참고.

27) Byun & Kim, 2010.

제 7 장

1) 최중혁, 2016.

2) 양영유 · 강홍준 · 천인성, 2017.

참고문헌

강영혜 · 김양분 · 류한구 · 김재철 · 강태중. 2004. 『교육격차의 실태 및 해소방안』. 서울: 한국교육개발원.

교육개발원. 1980. 『학교교육정상화를 위한 과열과외해소대책』. 교육개발원 보고서.

교육개혁위원회. 1997. 『신교육체제수립을 위한 교육개혁방안』. 교육개혁위원회 보고서.

교육인적자원부. 1995. "대학설립준칙제정." 국가기록원 자료 목록 http://www.archives.go.kr/next/search/listSubjectContentArchive.do?subjectContentId=003188&pageFlag=&subjectTypeId=01).

김경근. 2000. "가족 내 사회적 자본과 아동의 학업성취." 『교육사회학연구』 10(1): 21-40.

김경근. 2001. "자립형 사립고등학교 진학수요 결정요인 분석: 사회계층의 영향을 중심으로." 『교육사회학연구』 3(2): 21-38.

김경근. 2005. "한국사회 교육격차의 실태 및 결정요인." 『교육사회학연구』 15(3): 1-27.

김경근. 2008. "교육수준의 비약적 상승." 통계개발원 (편) 『한국의 사회동향 2008』. 79~87쪽.

김경근. 2010. "교육에서의 평등: 정책적 노력과 그 수준." 이종재 · 김성열 · 돈 애덤스(편) 『한국교육 60년』. 서울: 서울대학교 출판문화원. 259~294쪽.

김경근 · 변수용. 2006. "한국사회에서의 상급학교 진학 선택 결정요인." 『교육사회학연구』 16(4): 1-27.

김경근 · 변수용. 2007. "한국사회에서의 학업성취에 대한 문화자본의 영향.” 『교육사회학연구』 17(1): 23－51.

김경락. 2015. “‘금수저 · 흙수저 계급론’ 씁쓸하지만 현실이었다.” 『한겨레신문』 http://www.hani.co.kr/arti/economy/economy_general/715139.html

김경모. 2001. “경남지역 소도시 청소년의 사회계층 현상에 대한 이해유형 탐구 — 경제적 불평등개념을 중심으로.” 『청소년학연구』 8(1): 243－69.

김기석 · 박환보. 2010. “고등교육의 팽창: 민영화에 의한 고등교육의 보편화.” 이종재 · 김성열 · 돈 애덤스(편) 『한국교육 60년』. 서울: 서울대학교 출판문화원. 132~164쪽.

김기석 · 박환보 · 류방란 · 오성철 · 유한구. 1996. 『한국교육 100년 — 학제 및 인구통계적 변천 — 한국교육사고 연구보고』. 서울대학교 사범대학 교육연구소 한국교육사고.

김기헌. 2004. “가족배경이 교육단계별 진학에 미치는 영향.” 『한국사회학』 38(5): 108－42.

김기헌. 2007. 『청소년 사교육 이용 실태 및 효과에 대한 분석』. 서울: 한국청소년연구원.

김기헌 · 방하남. 2005. “고등교육 진학에 있어 가족배경의 영향과 성별 격차: 한국과 일본의 경우.” 『한국사회학』 39(5): 119－51.

김두환. 2008. “부모와 자녀의 사회적 관계와 대학진학 포부 및 학업성취.” 『교육사회학연구』 18(4): 29－53.

김성식. 2008. “대학생들의 학업중단 및 학교이동에 대한 탐색적 분석: 대학선택요인과 대학생활 만족도의 영향.” 『한국교육』 35(1): 227－49.

김신일. 2004. 『교육사회학』. 서울: 교육과학사.

김영화. 1993. 『한국의 교육불평등 — 고등교육팽창의 과정과 결과』. 서울: 교육과학사.

김영화. 2010. “산업화 도약과 경제성장에 대한 교육의 기여.” 이종재 · 김성열 · 돈 애덤스(편) 『한국교육 60년』. 서울: 서울대학교 출판문화원. 295~298쪽.

김영화. 2015. “한국의 교육과 경제성장.” 오성철 외 저. 『대학민국교육 70년』. 서울: 대한민국역사박물관. 209~286쪽.

김은정. 2007. “가정의 사회경제적 지위, 사교육비, 부모－자녀 관계 그리고 청소년 자녀의 학업성취 간의 관계에 관한 연구 — 부모－자녀 관계의 매개역할을 중심으로.” 『한국사회학』 41(5): 134－62.

김지경. 2013. “한국청소년의 정의사회에 대한 인식.” 『한국부패학회보』 18(4): 311－29.

김천기. 2012. “한국교육의 신자유주의화 과정과 그 성격: 학교의 입시 학원화와 ‘자율적 통치성’ 강화.” 『교육종합연구』 10(1): 119－49.

김철규 · 이해진 · 강선업 · 이철. 2010. “촛불집회 10대 참가자의 정체성과 사회의식의 변화 — 추적조사결과를 중심으로.” 『경제와 사회』 85: 265－90.

김태일. 2004. “제6장, 사교육이 대학의 학업성취도에 미치는 효과.” 우천식 편. 『사교육의 효과, 수요 및 그 영향요인에 관한 연구』. 서울: 한국개발연구원. 187~204쪽.

김태일. 2005. “고등학교 때 사교육이 대학 학업 성취도에 미치는 효과 분석: 사교육의 ‘인적자본효과’와 ‘대학진학효과’에 대한 논의.” 『교육학연구』, 43(3): 29－56.

김향신 · 심재휘 · 김경근. 2018. “가정배경, 가정 및 학교 내 사회자본, 교육포부 간 구조적 관계.” 『교육사회학연구』 28(2): 27－55.

김현주 · 이병훈. 2007. “자녀의 학업성취에 미치는 가족배경, 사회자본 및 문화자본의 영향.” 『한국인구학』 30(1): 125－48.

대학교육연구소. 2013. 『대교연통계: 교육재정 — 고등교육부문』 (http://khei－khei.tistory.com/600).

동그라미재단. 2016. 『기회 불평등에 대한 조사: 조사방법 내용 정리』. 동그라미재단 미간행 출간물.

문수연. 2016. “교육 불평등 변화 양상 분석 — 중간계급 및 코호트 분석을 중심으로.” 『한국사회학』 50(5): 141－71.

박병영 · 김미란 · 김기헌 · 류기락. 2011. 『교육과 사회계층이동 조사 연구 (Ⅳ): 1976－1986년 출생집단 분석』. 서울: 한국교육개발원.

박영신 · 김의철 · 정갑순. 2004. “한국 청소년의 부모자녀 관계와 성취에 대한 종단연구—자기효능감과 성취동기를 중심으로.”『한국심리학회지: 문화 및 사회문제』 10(3): 37－59.

박현정 외. 2011.『서울교육종단연구 2010 사용자 매뉴얼』. 서울: 서울특별시 교육청.

박환보. 2015. “해방이후 학교교육 팽창의 규모와 특징.” 오성철 외 저.『대학민국교육 70년』. 서울: 대한민국역사박물관. 148~208쪽.

방하남 · 김기헌. 2002. “기회와 불평등: 고등교육기회에 있어서 사회계층간 불평등의 분석.”『한국사회학』 36(4): 193－222.

방하남 · 김기헌. 2003. “한국사회의 교육계화: 연령코호트간 변화와 학력단계별차이.”『한국사회학』 37(4): 31－65.

백병부 · 김경근. 2007. “학업성취와 경제자본, 사회자본, 문화자본의 구조적관계.”『교육사회학연구』 17(3): 101－129.

백병부 · 김정숙. 2014. “학교 내 사회자본이 학업성취 격차에 미치는 영향.”『교육학연구』 52(1): 221－49.

변수용 · 김경근. 2008a. “한국 고등학생의 교육결과에 대한 문화자본의 영향.”『교육사회학연구』 18(2): 53－82.

변수용 · 김경근. 2008a. “부모의 교육적 관여가 학업성취에 미치는 영향: 가정배경의 영향을 중심으로.”『교육사회학연구』 18(1): 39－66.

변수용 · 김경근. 2010. “한국사회 고등교육 계층화의 영향요인 분석: 일반계 고등학교 졸업생을 중심으로.”『교육사회학연구』 20(1): 73－102.

변수용 · 김경근. 2012. “전문계 고등학교 졸업자의 대학 진학 영향요인.”『한국교육』 39(2): 79－107.

변수용 · 안지빈 · 정희진. 2017. “사립초등학교 졸업생들과 공립초등학교 졸업생들의 중학교 단계 학업성취 차이.”『교육학연구』 55(4): 167－87.

변수용 · 정희진. 2016. “초등학교 자녀의 특성화중학교 진학을 원하는 부모의 특성에 관한 연구—국제중학교를 중심으로.”『교육학연구』

54(4): 195－232.

변수용 · 정희진 · 안지빈. 2018. “영어유치원과 부모의 자녀에 대한 상급 학교 진학 계획과의 관계.” 『교육사회학연구』 28(2): 127－55.

변수용 · 주영효. 2012. “학교선택 결정요인과 효과 분석: 서울교육종단 연구 데이터를 중심으로.” 『한국교육』 39(1): 5－33

변수용 · 황여정 · 김경근. 2012. “위세 높은 대학 진학에서의 외고 효과.” 『교육사회학연구』 22(3): 133－62.

서덕희. 2006. “‘교실붕괴’ 이후 신자유주의 교육담론의 형성과 그 저항—홈스쿨링에 관한 담론분석을 중심으로.” 『교육사회학연구』 16(1): 77－105.

송광용. 1989. 『대학정원정책의 평가연구』. 서울대학교 대학원 교육학 박사학위논문.

신명호. 2010. “부모의 사회경제적 지위가 자녀의 학업성취도에 미치는 영향에 관한 연구.” 『사회복지연구』 41(2): 217－45.

신종호 · 황혜영 · 서은진. 2010. “부모의 학업관리 및 학생의 자기조절능력의 조절효과에 따라 사교육이 학생의 학업성취에 미치는 영향.” 『아시아교육연구』 11(4): 249－64.

신현석. 2003. “「국민의 정부」 교원정책의 분석과 진단.” 『한국교원교육연구』 20(1): 221－44.

안병영 · 임혁백. 1999. 『세계화와 신자유주의』. 서울: 나남.

양영유 · 강홍준 · 천인성. 2017. “[리셋 코리아] ”영재고 가야 돼“ 두 살부터 영어, 네 살부터 수학학원.” 『중앙일보』 https://news.joins.com/article/ 21237817

오성철. 2000. 『식민지 초등교육의 형성』. 서울: 교육과학사.

오욱환. 2014. 『한국 교육의 전환: 드라마에서 딜레마로』. 서울: 교육과학사.

오욱환. 2017. 『유아교육과 보육, 불평등의 묘판』. 서울: 교육과학사.

이길상. 2007. 『20세기 한국교육사: 민족, 외세, 그리고 교육』. 서울: 집문당.

이성균. 2016. “[기고] 청소년들 희망 꺾는 ‘금수저 · 흙수저 대물림’.” 『경향신문』 http://news.khan.co.kr/kh_news/khan_art_view.html?art_id=2016 08112111015

이성균 · 신광영 · 조돈문. 2007. 『세계화와 소득불평등: 한국, 미국, 브라질의 사례연구』. 서울: 집문당.

이종재 · 김성기 · 김왕준 · 김영식. 2010. “교육기회의 확대와 한국형 교육발전 전략.” 이종재 · 김성열 · 돈 애덤스(편) 『한국교육 60년』. 서울: 서울대학교 출판문화원. 47~96쪽.

이종재 · 장효민. 2008. “사교육 대책의 유형에 관한 분석적 연구.” 『아시아교육연구』 9(4): 173-200.

이종태 외. 2002. 선행학습 효과에 관한 연구. 서울: 한국교육개발원.

장미혜. 2001. “문화자본과 소비양식의 차이.” 『한국사회학』 35(3): 51-81.

장미혜. 2012. “사회계급의 문화적 재생산: 대학간 위계서열에 따른 부모의 계급구성의 차이.” 『한국사회학』 36(4): 223-51.

장상수. 2000. “교육 기회의 불평등: 가족 배경이 학력 성취에 미치는 영향.” 『한국사회학』 34(3): 671-708.

장상수. 2007. “가족배경과 고등학교 계열 선택.” 『한국사회학』 42(2): 118-46.

장상수. 2015. “한국의 교육과 사회이동.” 오성철 (외) 저. 『대한민국 교육 70년』. 서울: 대한민국역사박물관. 287~347쪽.

장상수. 2016. “벌어지는 틈새: 부모의 사회경제적 지위가 자녀 성적에 미치는 영향의 증가.” 『한국사회학』 50(5): 107-40.

정제영. 2010. “고등수요의 변동과 교육: 인구, 직종, 소득의 변화.” 이종재 · 김성열 · 돈 애덤스(편) 『한국교육 60년』. 서울: 서울대학교 출판문화원. 398~426쪽.

조돈문. 2005. “한국사회의 계급과 문화.” 『한국사회학』 39(2): 1-33.

조혜경 · 윤정민. 2015. “[젊어진 수요일] 농담인데 불편하네 ‘수저 계급론’.” 『중앙일보』 https://news.joins.com/article/18949618

최광만. 2010. "근대 한국교육의 역사적 맥락." 이종재 · 김성열 · 돈 애덤스(편) 『한국교육 60년』. 서울: 서울대학교 출판문화원. 12~46쪽.

최샛별. 2003. "한국사회에서의 영어실력에 대한 문화자본론적 고찰." 『사회과학연구논총』 11: 5-21.

최샛별. 2014. "한국 사회 문화의 상징적 위계에 대한 조사: 한국 사회의 고급문화는 무엇인가?" 『조사연구』 15(4): 123-52.

최샛별 · 최유정. 2011. "문화자본론의 관점에서 본 영어의 한국적 의미와 구조." 『문화와 사회』 10: 207-52.

최성수 · 이수빈. 2018. "한국에서 교육 기회는 점점 더 불평등해져 왔는가?" 『한국사회학』 52(4): 77-113.

최종철. 1989. "교육제도의 개편과 국가의 사회통제." 교육출판기획실(편) 『분단시대의 학교교육』. 서울: 푸른나무. 386~411쪽.

최중혁. 2016. "명문대 나오면 뭐해 절반이 백수인데." 『시사IN』 https:// www.sisain.co.kr/news/articleView.html?idxno=26274

최형재. 2007. 『사교육의 대학진학에 대한 효과』. 서울: 한국노동연구원.

통계청. 2015. "2015 한국의 사회지표." 2016년 3월 23일자 보도자료.

한국개발연구원. 1980. 『한국의 교육과 경제발전 1945~1975』. 한국개발연구원.

한국고용정보원. 2015. "청년층의 계층이동과 시장경제에 대한 태도."(2015년 한국교육고용패널학술대회 보고서).

한국교육30년 편찬위원회. 1980. 『한국교육30년』. 서울: 문교부.

한국교육개발원. 2005. 『한국교육 60년 성장에 대한 교육자료 분석』. 한국교육개발원.

한국교육개발원. 2010. 『교육통계연보』. 한국교육개발원.

한국대학교육협의회. 2016. "2018학년도 대학입학 시행계획 주요사항." 교육부(한국대학교육협의회) 2016년 4월 28일 보도자료.

한국은행. 1986. 『경제통계연보』. 한국은행.

한국정신문화연구원. 1997. 『한국교육사자료집성』. 한국정신문화연구원.

한국직업능력개발원. 2010. 『진로와 노동시장이행』. 한국직업능력개발원.

한세리 · 김안나. 2018. "사회자본과 학업성취도 향상." 『교육사회학연구』 28(2): 157-82.

허경철. 2008. 『초중등교육보편화』. 서울: 한국교육개발원.

홍두승 · 설동훈. 2012. 『사회조사분석(제4판)』. 서울: 다산출판사.

홍봉선. 2014. "청소년문제와 사회복지." 최선화 외 (편) 『사회문제와 사회복지』. 서울: 양서원.

황병주. 2015. "교육과 국민만들기." 오성철 외. 『대한민국 교육 70년』. 서울: 대한민국 역사박물관. 279~324쪽.

황여정. 2010. "능력별 집단편성이 중학생의 학업성취에 미치는 영향." 『교육사회학연구』 20(4): 191-222.

AAAS. 1993. *Benchmarks for Science Literacy.* New York: Oxford University Press.

Baker, David. 2018. 『교육은 어떻게 사회를 지배하는가』. 장덕호 · 김혜림 · 변수용 · 전하람 · 최승복 역. 서울: 박영스토리.

Bodovski, Katerina, Ismael Munoz, Soo-yong Byun, and Volha Chykina. 2020. "The Role of Education System Characteristics in Stratification of Math and Sscience Achievement." *International Journal of Sociology of Education* 9(2): 122-53.

Bodovski, Katerina, Soo-yong Byun, Volha Chykina, and Hee Jin Chung. 2017. "Searching for the Golden Model of Education: Cross-National Analysis of Math Achievement." *Compare: A Journal of Comparative and International Education* 47(5): 722-41.

Bourdieu, Pierre. 1977. "Cultural Reproduction and Social Reproduction." Pp. 487-511 in *Power and Ideology in Education*, edited by J. Karabel and A. H. Halsey. NewYork: Oxford.

Bourdieu, Pierre. 1984. *Distinction: A Social Critique of the Judgement of Taste.* London: Routledge.

Bourdieu, Pierre. 1997. “The Forms of Capital.” Pp. 46–58 in *Education: Culture, Economy, and Society*, edited by A. H. Halsey, H. Lauder, P. Brown, and A. S. Wells. Oxford, England: Oxford University Press.

Bowles, Samuel and Herbert Gintis. 1976. *Schooling in Capitalist America.* London : Routeledge and Kegan Paul.

Breen, Richard, Kristian Bernt Karlson, and Anders Holm. 2018. “Interpreting and Understanding Logits, Probits and Other Non–Linear Probability Models.” *Annual Review of Sociology* 44: 1–16.

Byun, Soo–yong and Hyunjoon Park 2017. “When Everyone Goes to College: Effectively Maintained Inequality of Educational Opportunity in South Korea.” *American Behavioral Scientist* 61(1): 94–113.

Byun, Soo–yong and Kyung–keum Kim. 2010. “Educational Inequality in South Korea: The Widening Socioeconomic Gap in Student Achievement.” *Research in the Sociology of Education* 17: 155–82.

Byun, Soo–yong and Suet–Ling Pong. 2016. “Children's Highbrow Cultural Activities and Academic Achievement in Hong Kong.” *Research in the Sociology of Education* 19: 123–48.

Byun, Soo–yong, Evan Schofer, and Kyung–keun Kim. 2012. “Revisiting the Role of Cultural Capital in East Asian Educational Systems: The Case of South Korea.” *Sociology of Education* 85(3): 219–39.

Byun, Soo–yong, Hee Jin Chung, and David P. Baker. 2018. “Global Patterns of the Use of Shadow Education: Student, Family, and National Influences.” *Research in the Sociology of Education* 20: 71–105.

Byun, Soo–yong, Judith L. Meece, Matthew J. Irvin, and Brian C.

Hutchins. 2012. "The Role of Social Capital in Educational Aspirations of Rural Youth." *Rural Sociology* 77(3): 355–79.

Byun, Soo–yong, Kyung–keun Kim, and Hyunjoon Park. 2012. "School Choice and Educational Inequality in South Korea." *Journal of School Choice* 6(2): 158–83.

Byun, Soo–yong. 2007. "Cultural Capital and School Success in South Korea." Unpublished Ph.D. dissertation. University of Minnesota, Department of Educational Policy and Administration.

Byun, Soo–yong. 2014. "Shadow Education and Academic Success in Republic of Korea." Pp. 39–58 in *Korean Education in Changing Economic and Demographic Contexts*, edited by H. Park and K. Kim. Singapore: Springer.

Carnoy, Martin and Susan Loeb. 2002. "Does External Accountability Affect Student Achievement? A Cross State Analysis." *Education Evaluation and Policy Analysis* 25: 305–31.

Chaney, Bradford, Kenneth Burgdorf, and Nadir Atash. 1997. "Influencing Achievement through High School Graduation Requirements." *Educational Evaluation and Policy Analysis* 19: 229–44.

Cheung, Alan. C. K., E. Vance Randall, and Man–Kwan. Tam. 2005. "Expanding the Private School Sector: Government Policy and Private Secondary Schools in Hong Kong, 1988-2001." *International Journal of Educational Policy, Research, and Practice* 6(1): 139–72.

Choi, Jaesung and Jisoo Hwang. 2017. "The Effects of School Choice on Student Academic Performance." *Hitotsubashi Journal of Economics* 58(1): 1–19.

Clune, William H. and Paula A. White. 1992. "Education Reform in the Trenches: Increased Academic Course Taking in High Schools with Lower Achieving Students in States with Higher Graduation Requirements." *Educational Evaluation and Policy Analysis* 14(1): 2－20.

Coleman, James S. 1988. "Social Capital in the Creation of Human Capital." *American Journal of Sociology* 94: 95－120.

Coleman, James S., E. Q. Campbell, C. J. Hobson, J. McPartland, A. Mood, F. D. Weinfeld, and R. L. York. 1966. *Equality of Educational Opportunity.* Washington DC: US Government Printing Office.

Crosnoe, Robert. 2004. "Social Capital and the Interplay of Families and Schools." *Journal of Marriage and Family* 66(2): 267－80.

De Graaf, Nan Dirk De, Paul M. De Graaf, and Gerbert Kraaykamp. 2000. "Parental Cultural Capital and Educational Attainment in the Netherlands: A Refinement of the Cultural Capital Perspective." *Sociology of Education* 73(2): 92－111.

De Graaf, Paul M. 1986. "The Impact of Financial and Cultural Resources on Educational Attainment in the Netherlands." *Sociology of Education* 59(4): 237－246.

De Graaf, Paul M. 1988. "Parents' Financial and Cultural Resources, Grades, and Transition to Secondary School in the Federal Republic of Germany." *European Sociological Review* 43(3): 209－21.

DiMaggio, Paul. 1982. "Cultural Capital and School Success: The Impact of Status Culture Participation on the Grades of U.S. High School Students." *American Sociological Review* 47(2): 189－201.

Dumay, Xavier and Vicent Dupriez. 2008. "Does the School Composition Effect Matter? Evidence from Belgian Data." *British Journal of Educational Studies* 56(4): 440－77.

Duru－Bellat, Marie and Bruno Suchaut. 2005. "Organisation and

Context, Efficiency and Equity of Educational Systems: What PISA Tells Us." *European Educational Research Journal* 4(3): 181–94.

Gamoran, Adam. 1996. "Curriculum Standardization and Equality of Opportunity in Scottish Secondary Education, 1984–1990." *Sociology of Education* 29: 1–21.

Gamoran, Adam. 2009. "Tracking and Inequality: New Directions for Research and Practice" (WCER Working Paper No. 2009–6). Madison: University of Wisconsin–Madison, Wisconsin Center for Education Research.

Giddens, Anthony. 2009. *Sociology* (6th edition). London: Polity Press.

Hannum, Emily, Hiroshi Ishida, Hyunjoon Park, and Tony Tam. 2019. "Education in East Asian Societies: Postwar Expansion and the Evolution of Inequality." *Annual Review of Sociology* 45: 625–47.

Hanushek, Eric and Margaret Raymond. 2005. "Does School Accountability Lead to Improved Student Performance?" *Journal of Policy Analysis and Management* 24: 297–327.

Hanushek, Eric. A. and Ludger Woessmann. 2006. "Does Educational Tracking Affect Performance and Inequality? Differences–In–Differences Evidence across Countries." *The Economic Journal* 116: C63–C76.

Heubert, Jay P. and Robert M. Hauser. Eds. 1999. *High Stakes: Testing for Tracking, Promotion, and Graduation.* A Report of the National Research Council. Washington, DC: National Academy Press.

Israel, Glenn D., Lionel J. Beaulieu, and Glen Hartless. 2001. "The Influence of Family and Community Social Capital on Educational Achievement." *Rural Sociology* 66(1): 43–68.

Jacob, Brian. 2005. "Accountability, Incentives, and Behavior: The Impact of High Stakes Testing in Chicago Public Schools." *Journal of Public Economics* 89: 761-96.

Kariya, Takehiko and Rosenbaum, J. E. 1999. "Bright Flight: Unintended Consequences of Detracking Policy in Japan," *American Journal of Education* 107(3): 210-30.

Kariya, Takehiko. 2010. "The End of Egalitarian Education in Japan?: The Effect of Policy Changes in Resource Distribution on Compulsory Education," Pp. 54-66 in *Challenges to Japanese Education: Economics, Reform, and Human Rights,* edited by Gordon J. A., Fujita H., Kariya T., and LeTendre, G. K. New York: Teachers College Press.

Kariya, Takehiko. 2011. "Japanese Solutions to the Equity and Efficiency Dilemma? Secondary Schools, Inequity and the Arrival of 'Universal' Higher Education." *Oxford Review of Education* 37(2): 241-66.

Kim Sunwoong, and Ju-Ho Lee. 2002. "Secondary School Equalization Policies in South Korea." Seoul : KDI school of Public Policy and Management.

Kim, Doo Hwan and Barbara Schneider. 2005. "Social Capital in Action: Alignment of Parental Support in Adolescents' Transition to Postsecondary Education." *Social Forces* 84(2): 1181-206.

Lam, Beatrice Oi-yeung., Soo-yong Byun, and Moosung Lee. 2019. "Understanding Educational Inequality in Hong Kong from the Perspective of Secondary School Segregation in Changing Institutional Contexts. *British Journal of Sociology of Education* 40(8): 1170-87.

Lamont, Michele and Annette Lareau. 1988. "Cultural Capital: Allusions, Gaps, and Glissandos in Recent Theoretical

Developments." *Sociological Theory* 6: 153–68.

Lareau, Annette, and Erin McNamara Horvat. 1999. "Moments of Social Inclusion and Exclusion Race, Class, and Cultural Capital in Family–School Relationships." *Sociology of Education* 72(1): 37–53.

Lareau, Annette. 1987. "Social Class Differences in Family–School Relationships: The Importance of Cultural Capital." *Sociology of Education* 60(2): 73–85.

Lee, Chong Jae, Yong Kim, Soo–yong Byun. 2012. "The Rise of Korean Education from the Ashes of the Korean War." *Prospects* 42(3): 303–18.

Lin, Meiko. 2018. "Examining the Influences of Yutori Education in Japan on Opportunity to Learn (OTL) and Student Achievement on the TIMSS: A Multiple Cohort Analysis." Ph.D. Dissertation, Columbia University.

Lucas, Samuel R. 2001. "Effectively Maintained Inequality: Education Transitions, Track Mobility, and Social Background Effects." *American Journal of Sociology* 106(6): 1642–90.

Lutz, Wolfgang, William P. Butz, and Samir KC. 2014. *World Population and Human Capital in the Twenty–First Century*. Oxford: Oxford University Press.

Marks, Gary N. 2005. "Cross–National Differences and Accounting for Social Class Inequalities in Education." *International Sociology* 20(4): 483–505.

McNeal, Ralph B. Jr. 1999. "Parental Involvement as Social Capital: Differential Effectiveness on Science Achievement, Truancy, and Dropping Out." *Social Forces* 78(1): 117–44.

McNeil, Linda. 2000. *Contradictions of School Reform: Educational Costs of Standardized Testing*. New York: Routledge.

Mori, Izumi. 2016. "Trends in Socioeconomic Achievement Gap in Japan: Implications for Educational Inequality." ISS Discussion Paper Series, F−179. (https://jww.iss.u−tokyo.ac.jp/publishments/dp/dpf/pdf/f−179. pdf)

National Science Board. 2006. *Science and Engineering Indicators 2006 Volume 1*. Arlington, VA: National Science Board. (http://files.eric.ed. gov/fulltext/ED490851.pdf)

NCTM. 1989. *Curriculum and Evaluation Standards for School Mathematics*. Reston, VA.

NCTM. 2000. *Principles and Standards for School Mathematics*. Reston, VA.

OECD. 2010. *PISA 2009 Results: Overcoming Social Background—Equity in Learning Opportunities and Outcomes (Volume II)*. http://dx.doi. org/10.1787/9789264091504−en

OECD. 2013. *PISA 2012 Results: Excellence through Equality: Giving Every Student the Chance to Success*. Paris: Organization for Economic Cooperation and Development.

Parcel, Toby L. and Mikaela J. Dufur. 2001. "Capital at Home and at School: Effects on Student Achievement." *Social Forces* 79(3): 881−911.

Parcel, Toby L. and Mikaela J. Dufur. 2009. "Family and School Capital Explaining Regional Variation in Math and Reading Achievement." *Research in Social Stratification and Mobility* 27: 157−76.

Park, Hyunjoon and Yossi Shavit, 2016. *Research in Social Stratification and Mobility* 43.

Park, Hyunjoon, Claudia Buchmann, Jaesung Choi, and Merry, J. J. 2016. "Learning Beyond the School Walls: Trends and Implications." *Annual Review of Sociology* 42: 231−52.

Park, Hyunjoon, Soo-yong Byun, and Kyung-keun Kim. 2011. "Parental Involvement and Students' Cognitive Outcomes in Korea: Focusing on Private Tutoring." *Sociology of Education* 84(1): 3-22.

Park, Hyunjoon. 2007. "South Korea: Educational Expansion and Inequality of Opportunity for Higher Education." Pp. 87-112 in *Stratification in Higher Education: A Comparative Study,* edited by Y. Shavit, R. Arum, and A. Gamoran. Stanford, CA: Stanford University Press.

Park, Hyunjoon. 2013. *Re-Evaluating Education in Japan and Korea: De-mystifying Stereotypes*. Routledge.

Phillips, Meredith and Jennifer Flashman. 2007. "How Did the Statewide Assessment and Accountability Policies of the 1990s Affect Instructional Quality in Low Income Schools." Pp. 45-88 in *Standards Based Reform and the Poverty Gap*, edited by A. Gamoran. Washington, DC: Brookings Institution.

Raftery, Adrian E. and Michael Hout. 1993. "Maximally Maintained Inequality: Expansion, Reform, and Opportunity in Irish Education, 1921-75." *Sociology of Education* 66(1): 41-62.

Reardon, Sean F. 2011. "The Widening Academic Achievement Gap between the Rich and the Poor: New Evidence and Possible Explanations." In *Wither Opportunity? Rising Inequality and the Uncertain Life Chances of Low-Income Children*, edited by R. Murnane and G. Duncan. New York: Russell Sage Foundation Press.

Shavit, Yossi and Hans-Peter Blossfeld. 1993. *Persistent Inequality: Changing Educational Attainment in Thirteen Countries*. Boulder: Westview Press.

Sorensen, Aage B. and Stephen L. Morgan. 2000. "School Effect:

Theoretical and Methodological Issues." Pp. 137–60 in *Handbook of Sociology of Education,* edited by M. T. Hallian. New York: Kluwer Academic.

Tam, Tony. 2016. "Academic Achievement as Status Competition: Intergenerational Transmission of Positional Advantage among Taiwanese and American Students." *Chinese Journal of Sociology* 2(2): 171–93.

Tse, Thomas Kwan–choi. 2008. "Choices for Whom? The Rhetoric and Reality of the Direct Subsidy Scheme in Hong Kong (1988-2006)." *Education and Urban Society* 40(5): 628-52.

Tsuneyoshi, Ryoko. 2004. "The New Japanese Educational Reforms and the Achievement "Crisis" Debate." *Educational Policy* 18(2): 364–94.

Van de Werfhorst, Herman and Jonathan J.B. Mijs. 2010. "Achievement Inequality and the Institutional Structure of Educational Systems: A Comparative Perspective." *Annual Review of Sociology* 36: 407–28.

Willms. Douglas J. 2003. *Ten Hypotheses about Socioeconomic Gradients and Community Differences in Children's Developmental Outcomes.* Quebec: Human Resources Development Canada Publications Centre.

Yamamoto, Yoko and Mary C. Brinton. 2010. "Cultural Capital in East Asian Educational Systems: The Case of Japan." *Sociology of Education* 83(1): 67–83.

찾아보기

ㄱ

저자 약력

변수용

변수용은 고려대 교육학과를 졸업하고 동대학원에서 교육사회학 전공으로 석사학위를, 미국 미네소타 주립대(University of Minnesota at Twin Cities)에서 비교국제개발교육 전공으로 박사학위를 각각 취득하였다. 현재 미국 펜실베니아 주립대(The Pennsylvania State University at University Park)에서 교육학 및 인구학 교수로 재직 중이다. 주요 연구 분야는 교육불평등, 교육사회학, 국제비교연구, 교육 정책 효과 분석이다.

이성균

이성균은 서울대학교에서 사회학 전공으로 석사학위를, 미국 위스컨신대학교(University of Wisconsin-Madison)에서 사회학 전공으로 박사학위를 취득하고 현재 울산대학교 사회·복지학과 교수로 재직 중이다. 주요 연구분야는 경제적 불평등과 빈곤문제이며, 현재 한국의 사회불평등 구조와 의식을 연구하고 있다.

한국학총서
부모의 사회경제적 지위와 자녀의 교육 결과: 한국에서 교육불평등은 심화되었는가?

초판발행　2021년 3월 15일

지은이　변수용·이성균
펴낸이　노　현

편　집　배근하
기획/마케팅　정성혁
표지디자인　이미연
제　작　고철민·조영환

펴낸곳　㈜ 피와이메이트
서울특별시 금천구 가산디지털2로 53 한라시그마밸리 210호(가산동)
등록 2014. 2. 12. 제2018-000080호
전　화　02)733-6771
f a x　02)736-4818
e-mail　pys@pybook.co.kr
homepage　www.pybook.co.kr
ISBN　979-11-6519-121-4 94370
979-11-6519-109-2(세트)

정 가　11,000원